D1084200

COLECCIÓN DE RECETAS
Para sus Fiestas

pil
Publications International, Ltd.

Louis Weber, C.E.O.
Publications International, Ltd.
7373 North Cicero Avenue
Lincolnwood, IL 60712

En la portada se ilustra: Pollo Hindú con Arroz Salvaje *(página 110).*
En la contraportada se ilustran *(en el sentido de las manecillas del reloj, desde arriba):* Tortas de Cerdo BBQ *(página 150),* Verduras Asadas *(página 216)* y Gelatina de Colores *(página 282).*
En la página del contenido se ilustran *(de arriba abajo):* Wafles de Chocolate *(página 32)* y Pay de Queso Crème Brûlée *(página 342).*

ISBN: 0-7853-8098-1

Número de Tarjeta del Catálogo de la Biblioteca del Congreso: 2002114627

Hecho en China.

8 7 6 5 4 3 2 1

Cocción en Horno de Microondas: La potencia de los hornos de microondas es variable. Utilice los tiempos de cocción como guía y revise qué tan cocido está el alimento antes de hornear por más tiempo.

Tiempos de Preparación y Cocción: Los tiempos de preparación se basan en la cantidad aproximada de tiempo que se necesita antes de cocer, hornear, enfriar o servir. Dichos tiempos incluyen los pasos de la preparación, como medir, picar y mezclar. Se tomó en cuenta el hecho de que algunas preparaciones y cocciones pueden realizarse simultáneamente. No se incluyen la preparación de ingredientes opcionales, ni las sugerencias para servir.

contenido

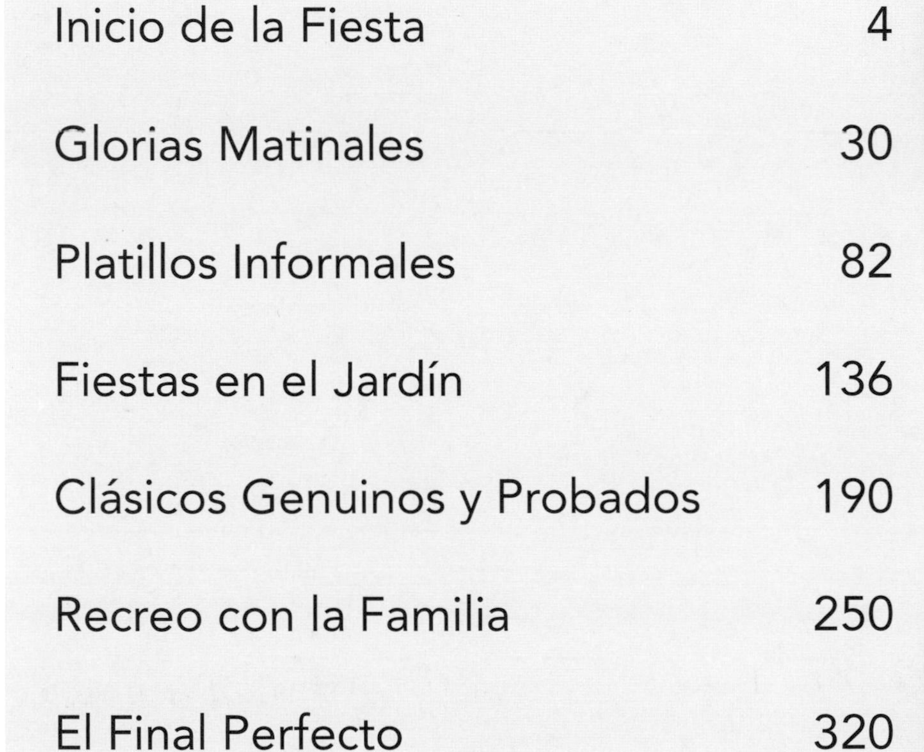

inicio de la fiesta

ideas para menú

MANÍA DEPORTIVA

Stromboli (página 16)

Dip Caliente de Alcachofa (página 12)

Bola de Queso con Tocino y Nuez (página 18)

Kielbasa con Mostaza (página 10)

Dip de Guacamole (página 266)

ideas para menú

CENA ELEGANTE

Tortitas de Cangrejo (página 22)

Tapas de Prosciutto, Manzana y Queso de Cabra (página 6)

Deliciosos Champiñones Rellenos (página 16)

Dip de Pescado (página 10)

Croûte Picante de Queso Brie (página 14)

ideas para menú

SABOR A TRÓPICO

Daiquiríes Helados (página 29)

Brochetas de Pollo y Mango con Cilantro y Lima (página 23)

Brochetas de Fruta (página 12)

Tortitas de Cangrejo con Salsa Remoulade (página 22)

Tapas de Prosciutto, Manzana y Queso de Cabra

- **¼ de taza de queso de cabra, suavizado**
- **¾ de cucharadita de tomillo picado o ¼ de cucharadita de tomillo seco**
- **¼ de cucharadita de pimienta negra**
- **8 rebanadas (o rebanadas en mitades) de pan con corteza firme, de unos 7.5×10 cm**
- **8 rebanadas delgadas de prosciutto**
- **1 manzana Fuji, sin corazón y en rebanadas muy delgadas**

1. Caliente un asador eléctrico. En un recipiente chico mezcle el queso, el tomillo y la pimienta negra. Ponga el pan sobre la charola del asador; ase a unos 15 cm de la fuente de calor, hasta que esté ligeramente tostado. Ponga el prosciutto sobre el pan. Corte cada pedazo de pan por la mitad; sobre el prosciutto acomode las rebanadas de manzana y encima la mezcla de queso.

2. Acomode las tapas sobre la charola. Ase hasta que se suavice un poco el queso. Sirva como primer plato o antes de la comida como entremés. *Rinde 16 piezas (de 4 a 8 porciones)*

Queso al Pesto para Untar

- **1 paquete (225 g) de queso crema suavizado**
- **⅓ de taza de salsa al pesto**
- **⅓ de taza de tomate rojo picado**

PONGA el queso crema en un platón.

BAÑE el queso con la salsa al pesto; encima distribuya el tomate. Sirva con galletas saladas. *Rinde 10 porciones*

Tiempo de Preparación: 5 minutos

Tapas de Prosciutto, Manzana y Queso de Cabra

Bola de Queso con Nuez

1 paquete (225 g) de queso crema suavizado

¼ de taza de perejil finamente picado

2 cucharadas de chalote finamente picado

½ cucharadita de salsa inglesa

Pizca de salsa picante

¾ de taza de nuez finamente picada

Galletas saladas surtidas

En un recipiente mediano, mezcle todos los ingredientes, excepto la nuez y las galletas saladas. Tape y refrigere hasta que esté firme. Con la mezcla haga una bola. Ruédela sobre la nuez. Envuélvala con plástico y métala al refrigerador. Deje que la bola de queso se suavice a temperatura ambiente antes de servirla con las galletas saladas. *Rinde 1 bola de queso*

Variante: Con la mezcla de queso haga bolas de 4 cm de diámetro. En lugar de rodarlas sobre nuez, ruédelas sobre pimentón, hierbas picadas (como perejil, berro o albahaca) o aceitunas verdes picadas.

Consejo para Regalar: Ponga la Bola de Queso cubierta de nuez sobre una tabla de madera para queso y adórnela con galletas saladas; coloque a un lado un frasco de mostaza importada, una bolsa de nueces, o ambas cosas.

Queso con Ajo

225 g de queso mozzarella cortado en 6 rebanadas

2 cucharadas de aceite de oliva

1 cucharadita de sal de ajo

En una bolsa grande de plástico con cierre hermético, mezcle todos los ingredientes; cierre la bolsa. Marine en el refrigerador por lo menos durante 8 horas o por toda una noche. Saque el queso y deseche la marinada. *Rinde 6 porciones*

Sugerencia para Servir: Sirva con galletas saladas o rebanadas de pan francés, rebanadas de tomate rojo y hierbas frescas, como botana o como guarnición de emparedados y platos de verduras.

Bolas de Queso con Nuez

Dip de Pescado

1 paquete (225 g) de queso crema suavizado

225 g de pescado blanco ahumado, sin piel, sin espinas y desmenuzado

2 cucharadas de cebollín picado

1 cucharada más 1 cucharadita de eneldo fresco picado

1 cucharadita de jugo de limón

¼ de cucharadita de pimienta negra

En el tazón mediano de la batidora eléctrica, bata el queso crema a velocidad media hasta que se suavice. Agregue el resto de los ingredientes; bata hasta que se incorporen. Refrigere hasta el momento de servir.

Acompañe con rebanadas de pan de centeno o con galletas saladas surtidas. Adorne con rebanadas de lima.

Rinde 1½ tazas (12 porciones)

Tiempo de Preparación: 10 minutos más el tiempo de refrigeración

Kielbasa con Mostaza

450 g de kielbasa o salchicha polaca ahumada entera

1 taza de mostaza picante

¾ de taza de miel

1 cucharada de salsa picante

1. Ponga la salchicha en el asador. Ase a fuego medio por 10 minutos o hasta que esté ligeramente dorada; gírela de vez en cuando. Córtela en trozos de un bocado.

2. En una cacerola grande, mezcle la mostaza con la miel. Hierva a fuego medio. Incorpore la salchicha y la salsa picante. Cueza hasta que esté bien caliente. Coloque en un platón; sirva con palillos.

Rinde 8 porciones

Dip de Pescado

inicio de la fiesta • inicio de la fiesta • inicio de la fiesta • inicio de la fiesta

Dip Caliente de Alcachofa

- **1 lata (420 g) de corazones de alcachofa, escurridos y picados**
- **1 taza (120 g) de queso parmesano rallado**
- **1 taza de mayonesa o aderezo de mayonesa**
- **Tomate rojo picado**
- **Cebollín rebanado**

MEZCLE todos los ingredientes, excepto el tomate y el cebollín.

VIERTA en un molde para pay o para quiché de 23 cm de diámetro.

HORNEE a 180 °C de 20 a 25 minutos o hasta que se dore un poco. Distribuya encima el tomate y el cebollín, si lo desea. Acompañe con galletas saladas, triángulos de pita (pan árabe) o diversas verduras cortadas en tiras. *Rinde 8 porciones*

Dip Condimentado de Alcachofa: Prepárelo como se indica arriba; agregue 1 lata (120 g) de rajas de chile verde, escurridas, y 1 diente de ajo picado.

Dip de Alcachofa y Espinaca: Prepárelo como se indica arriba; agregue 1 bolsa (300 g) de espinaca, picada y escurrida.

Brochetas de Fruta

- **½ taza de albaricoque en almíbar**
- **½ taza de rebanadas de manzana**
- **½ taza de rebanadas de plátano**
- **¼ de taza de agua**
- **2 cucharadas de salsa de soya**
- **2 cucharadas de jugo de limón**
- **4 cucharaditas de azúcar**
- **⅛ de cucharadita de canela en polvo**

Ensarte el albaricoque, la manzana y el plátano alternadamente en 3 agujas para brocheta (de 15 cm de largo), de metal o de bambú*. Mezcle el agua con la salsa de soya, el jugo de limón, el azúcar y la canela; barnice las brochetas. Ponga en el asador a 10 cm del carbón caliente; ase por 5 minutos o hasta que la manzana esté suave; gire las brochetas y barnícelas con frecuencia con la salsa restante. (O coloque las brochetas sobre la rejilla de un asador eléctrico. Ase de 10 a 13 cm de la fuente de calor por 5 minutos o hasta que la manzana esté suave; gire las brochetas y barnícelas con frecuencia con la salsa restante.)

Rinde 3 porciones

**Remoje en agua las agujas de bambú para brocheta por 30 minutos para evitar que se quemen.*

Empanadas de Tomate Deshidratado

¼ de taza de tomate rojo deshidratado, en trozos*

2 cucharadas de agua hirviente

1 taza (120 g) de queso cheddar rallado

3 cucharadas de cebollín rebanado

1 lata (300 g) de masa para bisquets refrigerada (para 10 porciones)

1 huevo batido

2 cucharaditas de semillas de ajonjolí (opcional)

**Puede sustituir el tomate rojo deshidratado en trozos por mitades de tomates rojos; mida ½ taza de mitades de tomate y coloque en la licuadora; pulse el botón de encendido/apagado hasta que esté finamente picado.*

Caliente el horno a 200 °C. En un recipiente mediano, ponga los trozos de tomate y el agua; deje reposar por 5 minutos. Agregue el queso y la cebolla; revuelva para mezclar bien. Sobre una superficie ligeramente enharinada, extienda la masa para bisquet y corte círculos de 10 a 13 cm de diámetro. Para hacer las empanadas, en el centro del círculo ponga unas 2 cucharadas de la mezcla de tomate. Barnice la orilla con el huevo. Doble a la mitad y presione para sellar completamente. Colóquelas en una charola para hornear a 5 cm de distancia entre sí. Barnícelas con el huevo y encima espolvoree las semillas de ajonjolí, si lo desea. Hornéelas de 10 a 12 minutos o hasta que estén doradas. Sírvalas calientes o a temperatura ambiente.

Rinde 10 empanadas (de 10 cm)

una mano amiga

PARA QUE ESTAS DELICIOSAS EMPANADAS TENGAN MEJOR PRESENTACIÓN, DECORE LA ORILLA CON MARCAS QUE PUEDE HACER CON UN TENEDOR, LO QUE TAMBIÉN LE PERMITIRÁ SELLAR LA ORILLA.

Croûte Picante de Queso Brie

2 tubos (120 g) de masa para panecillos

1 queso brie (225 g) circular

2 cucharadas de salsa picante

1 huevo batido

Galletas saladas

Caliente el horno a 190 °C. Amase la masa y forme un círculo lo suficientemente delgado para envolver por completo el queso. Ponga el queso en el centro de la masa. Con un tenedor, perfore varias veces la parte superior del queso. Encima del queso, vierta lentamente 1 cucharada de la salsa picante y déjelo reposar un momento para que penetre.

Agregue la salsa restante; perfore el queso varias veces más con el tenedor. (Un poco de la salsa va a escurrir.) Lleve las orillas de la masa a la parte superior del queso para cubrirlo completamente. Barnice las orillas con el huevo batido y séllelas. Hornee durante unos 10 minutos, siguiendo las instrucciones del envase de la masa. (No hornee de más, ya que el queso podría escurrirse.) Sirva de inmediato con galletas saladas. *Rinde de 8 a 10 porciones*

Pan Tostado con Queso y Pimiento

1 barra de pan francés sin rebanar

1 taza (120 g) de queso cheddar bajo en grasa rallado

2 cucharadas de rajas de pimiento

2 cucharadas de mayonesa baja en grasa

1 cucharadita de jugo de limón

¼ de cucharadita de orégano seco

1. Corte el pan en 8 rebanadas de 2.5 cm de grosor cada una. Tueste un poco las rebanadas en el tostador o en un asador eléctrico.

2. En un recipiente mediano mezcle el queso con el pimiento. En un recipiente chico, mezcle la mayonesa, el jugo de limón y el orégano; vierta en la mezcla de queso. Unte 1 cucharada de la mezcla en cada rebanada de pan tostado.

3. Caliente un asador eléctrico. Ponga el pan preparado sobre la rejilla. Ase a 10 cm de la fuente de calor por 2 minutos. Sirva de inmediato. *Rinde 8 porciones*

Croûte Picante de Queso Brie

Deliciosos Champiñones Rellenos

20 champiñones

2 cucharadas de cebolla picada

2 cucharadas de pimiento morrón rojo picado

3 cucharadas de margarina

½ taza de pan molido sazonado

½ cucharadita de albahaca seca

1. Desprenda los tallos de los champiñones; pique finamente ¼ de taza de los tallos.

2. En una sartén, ponga la margarina a fuego medio; fría los tallos picados, la cebolla y el pimiento morrón hasta que estén suaves. Retire del fuego; incorpore el pan molido y la albahaca.

3. Sirva la mezcla en los sombreretes de los champiñones; coloque sobre una charola. Hornee a 200 °C durante 15 minutos o hasta que estén calientes.

Rinde 20 botanas

Tiempo de Preparación: 20 minutos

Tiempo de Cocción: 15 minutos

Tiempo Total: 35 minutos

Stromboli

300 g de masa refrigerada para pizza

⅓ de taza de mostaza

340 g de carnes frías y queso

1 huevo batido

1 cucharadita de semillas de adormidera

1. Caliente el horno a 220 °C. Extienda la masa. Forme un rectángulo de 33×25 cm. Sobre la masa unte la mostaza. Acomode encima las carnes frías y el queso, traslapando las rebanadas; deje 2.5 cm de margen alrededor de las orillas.

2. Doble una tercera parte de la masa hacia el centro desde la orilla larga. Doble el otro tercio hacia el centro envolviendo el relleno. Pellizque el lado largo para sellarlo. Pellizque los extremos juntos; haga unos pliegues en la masa. Coloque sobre una charola engrasada. Haga unos cortes pequeños a lo ancho de la masa, separados 7.5 cm entre sí. Barnice con el huevo batido; espolvoree las semillas de adormidera. Hornee de 15 a 18 minutos o hasta que esté bien dorado. Pase a una rejilla; sirva tibio.

Rinde 12 porciones

Deliciosos Champiñones Rellenos

Bola de Queso con Tocino y Nuez

1 paquete (225 g) de queso crema suavizado

½ taza de leche

2 tazas (225 g) de queso cheddar rallado

2 tazas (225 g) de queso para fundir rallado

¼ de taza (30 g) de queso blue cheese desmenuzado

¼ de taza de cebollín finamente picado (sólo la parte blanca)

1 frasco (60 g) de rajas de pimiento sin escurrir

10 rebanadas de tocino fritas, finamente picadas

¾ de taza de nuez finamente picada

Sal y pimienta al gusto

¼ de taza de perejil picado

1 cucharada de semillas de adormidera

En el tazón grande de la batidora eléctrica, bata el queso crema con la leche a velocidad baja hasta que se incorporen. Agregue los quesos. Bata a velocidad media hasta que se incorporen bien. Agregue el cebollín, el pimiento, la mitad del tocino y la mitad de la nuez. Bata a velocidad media hasta que todo esté bien mezclado. Sazone con sal y pimienta al gusto. Ponga la mitad de la mezcla en un pedazo grande de plástico. Haga una bola; envuélvala apretada. Repita el procedimiento con el resto del queso. Refrigere hasta que estén frías las bolas, por lo menos durante dos horas.

En un molde para pay o en una charola grande, mezcle el tocino y la nuez restantes con el perejil y las semillas de adormidera. Quite la envoltura de plástico a las bolas; ruede las bolas sobre la mezcla de tocino hasta que estén bien cubiertas. Vuelva a envolver las bolas con el plástico y refrigérelas hasta el momento de servir, hasta por 24 horas.

Rinde unas 24 porciones

toque personal

DEDIQUE MÁS TIEMPO A SUS INVITADOS Y PASE MENOS TIEMPO EN LA COCINA: PREPARE ESTA BOTANA DESDE EL DÍA ANTERIOR. EL DÍA DE LA FIESTA, SIMPLEMENTE SAQUE LA BOLA DE QUESO DEL REFRIGERADOR, ACOMODE LAS GALLETAS, ACOMPAÑE CON VERDURAS Y ESTARÁ LISTA PARA QUE USTED SE SIENTE CÓMODAMENTE A CONVERSAR CON SUS INVITADOS.

Bola de Queso con Tocino y Nuez

Ratatouille de Tres Champiñones

100 g de champiñón shiitake fresco*

1 cucharada de aceite de oliva

1 cebolla grande picada

4 dientes de ajo picados

225 g de champiñón botón picado

180 g de champiñón cremini picado

1 taza de consomé de pollo

½ taza de tomate rojo picado

2 cucharadas de perejil picado

2 cucharadas de queso parmesano rallado

3 pitas (pan árabe) (de 15 cm)

Perejil italiano para adornar

**Puede sustituirlo con 30 g de champiñón chino negro seco. Ponga el champiñón seco en un recipiente; cúbralo con agua tibia. Remoje por 20 minutos para que se suavice. Escúrralo y prepárelo como se indica en el Paso 1.*

1. Desprenda y deseche los tallos de los champiñones shiitake; pique los sombreretes.

2. Caliente un asador eléctrico. En una cacerola grande ponga el aceite a fuego medio hasta que esté caliente. Fría la cebolla y el ajo por 5 minutos; revuelva de vez en cuando. Agregue los champiñones; cueza durante 5 minutos más, revolviendo con frecuencia.

3. Vierta el consomé de pollo; deje hervir. Cueza durante unos 10 minutos o hasta que se absorba el líquido. Retire del fuego; incorpore el tomate, el perejil picado y el queso. Pase a otro recipiente.

4. Mientras tanto, corte las pitas por la mitad horizontalmente. Apile las mitades; corte la pila en 6 rebanadas. Acomode las rebanadas en una sola capa sobre la charola. Ase a 10 cm de la fuente de calor de 1 a 3 minutos o hasta que se tuesten.

5. Acomode los triángulos de pita y el dip caliente en una canasta. Adorne, si lo desea.

Rinde unas 2¼ tazas

Ratatouille de Tres Champiñones

Tortitas de Cangrejo

450 g de carne de cangrejo

1 taza de pan molido

2 huevos batidos

¼ de taza de cebolla picada

¼ de taza de pimiento morrón verde picado

¼ de taza de pimiento morrón rojo picado

1 cucharadita de mostaza en polvo

½ cucharadita de salsa picante

Sal al gusto

Aceite vegetal

Salsa Remoulade (receta más adelante)

Eneldo fresco (opcional)

En un recipiente grande, mezcle la carne de cangrejo con ½ taza de pan molido, los huevos, la cebolla, los pimientos morrones, la mostaza, la salsa picante y la sal. Tape y refrigere de 1 a 2 horas o hasta que la mezcla esté firme. Con la mezcla haga tortitas de unos 3×4 cm y empanícelas con el pan molido restante.

En una sartén grande, ponga de fondo 1 cm de aceite; caliente a fuego medio. Cuando el aceite esté caliente, fría las tortitas de cangrejo de 3 a 5 minutos de cada lado o hasta que estén doradas. Retírelas y póngalas sobre toallas de papel. Sírvalas calientes; corónelas con una cucharada de Salsa Remoulade. Adorne con ramas de eneldo, si lo desea.

Rinde de 20 a 25 tortitas

Salsa Remoulade

1 taza de mayonesa

2 a 3 cebollines finamente picados

1 tallo de apio finamente picado

2 cucharadas de rábano rusticano escurrido

1 cucharada de cebollín finamente picado

1 cucharada de mostaza Dijon

1 cucharada de jugo de limón fresco

1 diente de ajo finamente picado

½ cucharadita de salsa picante

En un recipiente mediano mezcle todos los ingredientes. Tape y refrigere por 1 hora para que se mezclen los sabores. Sírvala fría.

Brochetas de Pollo y Mango con Cilantro y Lima

450 g de pechuga de pollo deshuesada y sin piel, cortada en tiras delgadas

1 mango grande, pelado y cortado en trozos

1 pimiento morrón verde grande, cortado en cuadros de 2.5 cm

3 cucharadas de miel

3 cucharadas de jugo de lima

1 cucharadita de ralladura de cáscara de lima

2 cucharadas de margarina

2 cucharadas de cilantro o perejil picado

En 8 agujas para brocheta, ensarte alternadamente el pollo, el mango y el pimiento.

En una sartén chica, a fuego medio, caliente la miel, el jugo de lima, la cáscara de lima, la margarina y el cilantro; mantenga caliente.

En una plancha o en un asador, ase las brochetas a 10 cm de la fuente de calor, de 12 a 15 minutos, o hasta que se cueza el pollo; gire y barnice con frecuencia con la mezcla de miel. Vuelva a calentar lo que le sobre de la salsa hasta que hierva; sirva con las brochetas.

Rinde 8 porciones de botana o 4 de platillo principal

Guacamole

2 aguacates grandes

2 cucharaditas de jugo de limón

¼ de cucharadita de sal sazonada

En un recipiente chico, machaque los aguacates; agregue el jugo de limón y la sal sazonada. Revuelva bien.

Rinde más o menos 1½ tazas

Sugerencia para Servir: Sirva de inmediato o tape herméticamente y refrigere hasta el momento de servir.

Rollo Entrecruzado de Cerdo

500 g de pasta hojaldrada

2 huevos

1 cucharada de agua

225 g de salchichas de cerdo

1 taza de relleno sazonado con hierbas

1 cebolla chica picada (más o menos ¼ de taza)

1 taza de champiñones picados (unos 90 g)

1. Deje que la pasta tome la temperatura ambiente, aproximadamente por 30 minutos. Caliente el horno a 190 °C. Mezcle 1 huevo con el agua y deje a un lado.

2. Revuelva ***muy bien*** las salchichas, el relleno, el huevo restante, la cebolla y el champiñón.

3. En una superficie un poco enharinada, extienda la masa; forme un rectángulo. Haga cortes a cada 2.5 cm de distancia del borde exterior hasta una tercera parte de cada lado de la pasta. Distribuya la mezcla de salchicha en el centro. Comenzando por un extremo, doble una a una las tiras de pasta sobre el relleno, alternando los lados. Ponga sobre una charola para horno. Barnice el rollo con la mezcla de huevo.

4. Hornee durante 35 minutos o hasta que esté dorado. Rebane y sirva caliente.

Rinde 4 porciones de platillo principal u 8 porciones de botana

Tiempo para Templar: 30 minutos

Tiempo de Preparación: 20 minutos

Tiempo de Cocción: 35 minutos

toque personal

¡COMBÍNELO! PARA QUE EMPIECE LA FIESTA, PONGA MÚSICA DE FONDO QUE TODOS DISFRUTEN. SELECCIONE PIEZAS QUE VAYAN DESDE MÚSICA CLÁSICA A JAZZ.

Rollo Entrecruzado de Cerdo

inicio de la fiesta • inicio de la fiesta • inicio de la fiesta

Bloody Mary Clásico

1 litro de jugo de tomate rojo

1 taza de vodka

1 cucharada de salsa inglesa

1 cucharada de jugo de limón fresco

½ cucharadita de salsa picante

Rebanadas de limón para adornar (opcional)

Tallos de apio para adornar (opcional)

En una jarra de 2 litros de capacidad, mezcle todos los ingredientes, excepto los que sirven para adornar. Revuelva bien. Sirva sobre hielo. Adorne con las rebanadas de limón o el apio, si lo desea. *Rinde 6 porciones (de 180 ml)*

Margaritas de Nectarina

10 Cubos de Nectarina California Congelados (receta más adelante)

¾ de taza de jugo de naranja

2 cucharadas de jugo de lima

2 cucharadas de azúcar

10 cubos de hielo picados

Mezcle todos los ingredientes en una licuadora o en un procesador de alimentos; licue hasta que se incorporen. Sirva en copas altas. *Rinde 2 porciones*

Cubos de Nectarina California Congelados: Rebane 4 nectarinas frescas. En la licuadora o en un procesador de alimentos, licue la nectarina con ¼ de taza de jugo de lima. Vierta en charolas para hielo; congele. Rinde 20 cubos.

Bloody Mary Clásico

inicio de la fiesta • inicio de la fiesta • inicio de la fiesta • inicio de la fiesta

inicio de la fiesta • inicio de la fiesta • inicio de la fiesta • inicio de la fiesta

cranberry

Bebida de Arándano y Naranja

1 taza de agua hirviente

1 caja (para 4 porciones) de gelatina de naranja

2½ tazas de jugo de arándano rojo frío

Cubos de hielo (opcional)

Rebanadas de naranja (opcional)

VACÍE la gelatina en un tazón grande y vierta encima el agua hirviente; revuelva por lo menos durante 2 minutos hasta que se disuelva por completo. Agregue el jugo de arándano. Vacíe sobre los cubos de hielo en vasos altos y adorne con rebanadas de naranja, si lo desea.

Rinde unas 3½ tazas

Tiempo de Preparación: 5 minutos

Bebida de Durazno

3 duraznos pelados, sin hueso y rebanados

1 lata (180 ml) de jugo de piña

¼ de taza de limonada concentrada congelada

¼ de cucharadita de extracto de almendra

Hielo picado

3 tazas de agua mineral fría

En un procesador de alimentos o en la licuadora, ponga los duraznos. Procese hasta obtener 2 tazas de puré. Incorpore el jugo de piña, la limonada y el extracto de almendra. En vasos de 360 ml, vierta hielo picado hasta ⅔ de su capacidad. Agregue ⅓ de taza de la mezcla de durazno a cada vaso y complete con agua mineral. Revuelva un poco. Sirva de inmediato.

Rinde 6 porciones

Daiquiríes Helados

1 lata (360 ml) de jugo de piña concentrado, congelado

3 tazas de agua

1 cucharadita de extracto de ron (opcional)

4 tazas de cubos de hielo

• En la licuadora o en un procesador de alimentos, ponga la mitad del jugo concentrado, del agua, del extracto de ron y de los cubos de hielo. Licue hasta que la mezcla esté espesa.

• Vierta en vasos altos o en una jarra grande.

• Repita el procedimiento con el resto de los ingredientes.

• Revuelva antes de servir. Sirva de inmediato.

Rinde 10 porciones

Tiempo de Preparación: 10 minutos

Smoothie de Mango

½ taza de yogur natural bajo en grasa

1 mango maduro, pelado, sin hueso y rebanado

¼ de taza de jugo de naranja con piña

1 cucharadita de miel

2 cubos de hielo

Hojas de menta fresca para adornar

Ponga todos los ingredientes en la licuadora. Tape; licue hasta que se incorporen los ingredientes. (Si desea obtener una consistencia más líquida, agregue un poco de leche.) Adorne, si lo desea.

Rinde 1 porción

una mano amiga

El mango tiene diferentes tamaños, formas y colores; su aromática pulpa naranja amarillenta tiene un delicioso sabor. Los mangos deben estar bien maduros para poder comerlos o utilizarlos en recetas. Deje que maduren a temperatura ambiente hasta que estén suaves; después utilícelos o consérvelos por varios días en el refrigerador.

glorias matinales

ideas para menú

BUFFET DEL LEÑADOR

Strudel de Huevo y Salchicha (página 50)
Hot Cakes con Salsa de Arándano y Naranja (página 78)
Tortitas de Papa y Camote (página 42)
Muffins de Queso y Tocino (página 67)

ideas para menú

CESTA DE PAN

Rosca Danesa de Queso y Cereza (página 66)
Panecillos de Nuez (página 55)
Muffins de Naranja y Arándano (página 72)
Pan de Calabacita y Dátil (página 34)
Panecillos de Arándano (página 76)

ideas para menú

DESAYUNO DE NAVIDAD

Cacerola para el Desayuno (página 44)
Panecillos con Cruz (página 70)
Muffins de Calabaza con Nuez, Azúcar y Canela (página 48)

Rosca Danesa de Queso y Cereza (página 66)

Wafles de Chocolate

2 tazas de harina de trigo

¼ de taza de cocoa en polvo sin endulzar

2 cucharadas de azúcar

1 cucharada de polvo para hornear

½ cucharadita de sal

2 tazas de leche

2 huevos batidos

¼ de taza de aceite vegetal

1 cucharadita de extracto de vainilla

Jarabe de Frambuesa (receta más adelante)

1. Caliente la waflera; engrásela un poco.

2. En un recipiente grande, cierna la harina, la cocoa, el azúcar, el polvo para hornear y la sal. En un recipiente chico, mezcle la leche, los huevos, el aceite y la vainilla. Vierta los ingredientes líquidos sobre los ingredientes secos y revuelva hasta que se humedezcan.

3. Para cada wafle, vierta en la waflera más o menos ¾ de taza de la masa. Cierre la tapa y deje cocer hasta que deje de salir vapor.* Sirva con el Jarabe de Frambuesa. *Rinde unos 6 wafles*

**Revise las instrucciones del fabricante respecto a la cantidad de masa y el tiempo de cocción recomendados.*

Jarabe de Frambuesa

1 taza de agua

1 taza de azúcar

1 paquete (300 g) de frambuesas en almíbar congeladas

En una cacerola grande mezcle el agua con el azúcar. Cueza a fuego medio; revuelva sin cesar hasta que se disuelva el azúcar. Continúe cociendo hasta que se espese un poco la mezcla, durante unos 10 minutos.

Incorpore las frambuesas congeladas; cueza, revolviendo, hasta que se descongele. Deje que hierva; continúe revolviendo hasta que el jarabe se espese un poco, durante unos 10 minutos. Sirva caliente.

Wafles de Chocolate

Pan de Calabacita y Dátil

1 taza de dátiles sin hueso y picados
1 taza de agua
1 taza de harina de trigo integral
1 taza de harina de trigo
2 cucharadas de azúcar
1 cucharadita de polvo para hornear
½ cucharadita de bicarbonato de sodio
½ cucharadita de sal
½ cucharadita de canela molida
¼ de cucharadita de clavo molido
2 huevos
1 taza de calabacita rallada
1 paquete (225 g) de queso crema
¼ de taza de azúcar
1 cucharada de vainilla
⅛ de cucharadita de canela molida
Pizca de clavo molido

1. Caliente el horno a 180 °C. Con aceite en aerosol, rocíe un molde para panqué de 20×10×5 cm.

2. En una cacerola chica ponga los dátiles y el agua. Hiérvalos a fuego medio-alto. Retire del fuego; deje reposar por 15 minutos.

3. En un recipiente grande, mezcle las harinas, el azúcar, el polvo para hornear, el bicarbonato de sodio, la sal, la canela y el clavo. En un recipiente mediano, bata los huevos; incorpore el dátil y la calabacita. A la mezcla de harina incorpore la de huevo y revuelva hasta que se humedezcan los ingredientes secos. Vierta la pasta uniformemente en el molde que preparó.

4. Hornee de 30 a 35 minutos o hasta que, al insertar en el centro del panqué un palillo, éste salga limpio. Deje enfriar por 5 minutos. Desmolde y deje enfriar por completo en una rejilla de alambre.

5. Mientras tanto, para preparar el queso para untar, mezcle en un recipiente chico el queso crema con el azúcar, la vainilla, la canela y el clavo. Bata hasta que se incorporen. Tape y refrigere hasta el momento de servir.

6. Corte el pan en 16 rebanadas. Acompañe con el queso para untar.

Rinde 16 porciones

toque personal

¡NO PASE EL QUESO! PARA EVITAR EL CONSTANTE MOVIMIENTO DEL QUESO PARA UNTAR ENTRE LOS INVITADOS, DIVÍDALO EN DOS O TRES RECIPIENTES QUE PUEDA COLOCAR EN LUGARES ESTRATÉGICOS DE LA MESA. ESTO PERMITIRÁ QUE LOS COMENSALES TENGAN UNA CONVERSACIÓN MÁS AGRADABLE QUE DECIR: "POR FAVOR, PÁSAME EL QUESO."

Pan de Calabacita y Dátil

glorias matinales • glorias matinales • glorias matinales • glorias matinales • glorias matinales

Pan Francés Relleno de Fresa y Plátano

1 barra de pan francés (de 30 cm)

2 cucharadas de jalea de fresa

120 g de queso crema suavizado

¼ de taza de fresas picadas

¼ de taza de plátano (banana) picado

6 huevos ligeramente batidos

¾ de taza de leche

3 cucharadas de mantequilla o margarina

Salsa de Fresa (receta más adelante)

1. Corte el pan en ocho rebanadas de 3.5 cm de grosor. En cada rebanada, haga un corte a lo largo desde la parte superior del pan casi hasta la base; deje intactos los lados del pan.

2. En un recipiente chico, mezcle la jalea con el queso crema, las fresas y el plátano, para preparar el relleno.

3. En cada abertura del pan, sirva una cucharada abundante del relleno de fresa y ciérrela presionando un poco.

4. En un recipiente bajo y ancho, bata los huevos con la leche. Agregue el pan; deje reposar para que se impregne. Después, voltee para mojar el otro lado.

5. En una sartén grande, caliente 2 cucharadas de mantequilla a fuego medio-bajo. Coloque tantas rebanadas de pan como quepan en la sartén; fría hasta que se doren. Voltee el pan y fría el otro lado. Retire y conserve caliente. Repita con el resto de las rebanadas de pan. Sirva con la Salsa de Fresa.

Rinde 8 rebanadas

Salsa de Fresa: En la licuadora o en el procesador de alimentos, ponga 470 g de fresas sin cáliz, 2 o 3 cucharadas de azúcar y 1 cucharada de licor de fresa o de naranja; tape y licue hasta que las fresas se hagan puré. Rinde 1½ tazas.

Pan Francés Relleno de Fresa y Plátano

Huevos Benedictinos

Salsa Holandesa (receta más adelante)

8 huevos

16 rebanadas de lomo canadiense

4 muffins ingleses cortados por la mitad, tostados y con mantequilla

una mano amiga

CUENTA LA LEYENDA QUE LOS HUEVOS BENEDICTINOS SE INVENTARON EN EL FAMOSO RESTAURANTE DELMONICO'S DE MANHATTAN, DONDE UN DÍA EL MAITRE D' Y LA SEÑORA BENEDICT HABLABAN ACERCA DE NUEVAS OPCIONES PARA EL MENÚ DEL ALMUERZO. DE ESTA PLÁTICA SURGIERON LOS HUEVOS BENEDICTINOS.

1. Prepare la Salsa Holandesa.

2. En una cacerola mediana, ponga a hervir un fondo de 5 a 8 cm de agua a fuego medio-alto. Baje el fuego y mantenga la temperatura. Vierta el contenido de 1 huevo en un recipiente chico. Sostenga el recipiente cerca de la superficie del agua caliente; con cuidado, deslice el huevo en el agua. Repita el procedimiento con otro huevo. Cueza de 3 a 5 minutos o hasta que se cuezan un poco las yemas. Saque los huevos y escúrralos sobre toallas de papel. Repita con los huevos restantes.

3. En una sartén grande, fría el lomo a fuego medio-bajo; voltéelo de vez en cuando.

4. Sobre cada mitad de muffin, ponga 2 rebanadas de lomo, 1 huevo escalfado y 1 cucharada de Salsa Holandesa. Sirva de inmediato.

Rinde 4 porciones

Salsa Holandesa

3 yemas de huevo

1 cucharada de jugo de limón

1 cucharadita de mostaza en polvo

¼ de cucharadita de sal

Pizca de pimienta roja molida (opcional)

½ taza (1 barra) de mantequilla cortada en octavos

1. En una cacerola chica, ponga las yemas, el jugo de limón, la mostaza, la sal y la pimienta; bata hasta que se incorporen. Agregue la mitad de la mantequilla.

2. Cueza a fuego bajo; revuelva con un batidor de alambre hasta que se derrita la mantequilla. Lentamente, agregue la mantequilla restante; bata sin cesar hasta que se derrita y se espese la salsa.

Rinde ¾ de taza

Huevos Benedictinos

glorias matinales • glorias matinales • glorias matinales • glorias matinales

glorias matinales • glorias matinales • glorias matinales • glorias matinales

Pan de Plátano y Nuez

5 cucharadas de margarina suavizada

½ taza de azúcar granulada

½ taza semicompacta de azúcar morena

1 huevo entero

2 claras de huevo

1 cucharadita de vainilla

1½ tazas de plátano (banana) muy maduro, machacado

1¾ tazas de harina de trigo

1 cucharadita de bicarbonato de sodio

¼ de cucharadita de polvo para hornear

½ cucharadita de sal

½ taza de jugo de manzana o naranja

⅓ de taza (60 g) de nuez negra o inglesa picada

1. Caliente el horno a 180 °C. Con aceite en aerosol, rocíe la base de un molde para panqué de 23×13×7 cm.

2. En el tazón grande de la batidora eléctrica, ponga la margarina y bátala hasta que esponje. Incorpore el azúcar granulada y el azúcar morena; bata. Agregue el huevo entero, las claras de huevo y la vainilla; continúe batiendo. Incorpore el plátano y bata a velocidad alta por 30 segundos.

3. En un recipiente mediano, mezcle la harina, el bicarbonato de sodio, el polvo para hornear y la sal. Añada a la mezcla de margarina alternando con el jugo de manzana y termine con la mezcla de harina. Ponga la nuez.

4. Vierta la pasta uniformemente en el molde que preparó. Hornee más o menos por 1 hora y 15 minutos o hasta que se dore y, al insertar cerca del centro del pan un palillo, éste salga limpio.

5. Deje enfriar el pan por 10 minutos sobre una rejilla de alambre. Desmolde; déjelo enfriar por completo sobre la rejilla de alambre. Adorne, si lo desea.

Rinde 1 barra (unas 18 rebanadas)

toque personal

¿LOS PLÁTANOS YA ESTÁN MUY MADUROS? NO LOS TIRE. SIMPLEMENTE PÓNGALOS EN UNA BOLSA PARA CONGELAR HERMÉTICA Y CONGÉLELOS HASTA POR 6 MESES. CUANDO VAYA A UTILIZARLOS, DÉJELOS TOMAR LA TEMPERATURA AMBIENTE Y MACHÁQUELOS PARA PREPARAR ESTE PAN.

Blintzes Cremosos con Fruta

RELLENO DE QUESO

1 yema de huevo

2 cucharadas de azúcar

1 paquete (225 g) de queso crema

2 tazas de queso cottage

¼ de cucharadita de vainilla

BLINTZES

3 huevos

3 cucharadas de aceite

1½ tazas de leche

1 taza de harina de trigo

½ cucharadita de sal

⅓ de taza de mantequilla derretida

2 cucharadas de mantequilla (sin derretir)

Azúcar glass

1 taza de crema agria

1 taza de mermelada de fresa, cereza o arándano negro

En el tazón de la batidora eléctrica, ponga la yema de huevo y el azúcar; bata hasta que la mezcla se espese y se torne amarilla. Agregue el queso crema, el queso cottage y la vainilla; bata bien. Refrigere hasta el momento de usarla.

En otro tazón de la batidora, ponga los huevos, el aceite y la leche; bata hasta que se incorporen. Añada la harina y la sal; continúe batiendo hasta que la mezcla esté suave y la harina se haya disuelto. Tape y refrigere hasta que vaya a utilizarla.

Caliente a fuego bajo una sartén chica. Para comprobar la temperatura, deje caer una gota de agua fría en la superficie; el agua debe formar una burbuja y brincar. Para cada blintz, barnice la sartén con un poco de la mantequilla derretida. Ponga 3 cucharadas de la mezcla en una taza y viértala de golpe; gire la sartén rápidamente para cubrir el fondo. Cueza durante 1 minuto, hasta que esté dorada por la parte inferior; con una espátula, desprenda la orilla y retire el blintz. Póngalo sobre toallas de papel. Vaya apilándolos, con el lado dorado hacia abajo; coloque hojas de papel encerado entre los blintzes.

Distribuya 3 cucharadas del relleno sobre el lado dorado de cada blintz; forme un rectángulo de 10 cm de largo. Doble los lados largos hacia adentro sobre el relleno; traslape las orillas y cubra por completo el relleno. En una sartén grande, a fuego medio, derrita 1 cucharada de mantequilla. Ponga la mitad de los blintzes en la sartén, con la unión hacia abajo, sin que se toquen. Cueza hasta que estén dorados; gírelos una vez. Consérvelos calientes en el horno, a temperatura baja, mientras cocina la segunda tanda de blintzes. Sírvalos calientes; espolvoréelos con azúcar glass y corónelos con la crema agria y la mermelada.

Rinde 16 blintzes (8 porciones)

Nota: Puede doblar hacia adentro los cuatro lados de los blintzes, traslapando las orillas para formar un cuadrado. El relleno le debe quedar cubierto por completo.

glorias matinales • glorias matinales • glorias matinales • glorias matinales • glorias matinales

Tortitas de Papa y Camote

2 tazas de papa (patata) rallada

1 taza de camote (batata) rallado

1 taza de manzana rallada

¾ de taza de sustituto de huevo sin colesterol

⅓ de taza de harina de trigo

1 cucharadita de azúcar

¼ de cucharadita de polvo para hornear

¼ de cucharadita de sal

⅛ de cucharadita de nuez moscada molida

1 taza de puré de manzana con canela

1. En un recipiente mediano ponga la papa, el camote y la manzana. En un recipiente chico, ponga el sustituto de huevo, la harina, el azúcar, el polvo para hornear, la sal y la nuez moscada; revuelva y vierta sobre la mezcla de papa.

2. Rocíe una sartén grande con aceite en aerosol; caliente a fuego medio-alto. Vierta en la sartén una cucharada abundante de la mezcla de papa; forme una tortita de .5 cm de grosor y 8 cm de diámetro, aproximadamente.* Fría por 3 minutos o hasta que se dore. Voltee la tortita y cueza el otro lado durante 3 minutos o hasta que se dore. Repita el procedimiento con el resto de la mezcla. Conserve calientes las tortitas en el horno que habrá calentado previamente a 120 °C.

3. Encima de las tortitas ponga una cucharada de puré de manzana. Adorne, si lo desea.

Rinde 8 porciones (de 2 tortitas)

**Puede cocer tres o cuatro tortitas al mismo tiempo.*

toque personal

DÉ UN TOQUE ESPECIAL A SU BUFFET MATINAL UTILIZANDO CREMAS DE DISTINTOS SABORES, AZÚCAR MORENA, CANELA EN POLVO, NUEZ MOSCADA EN POLVO Y COCOA ENDULZADA EN POLVO PARA QUE SUS INVITADOS AGREGUEN AL CAFÉ.

Tortitas de Papa y Camote

Cacerola para el Desayuno

2½ tazas de croutones (trozos de pan tostado) sazonados

450 g de salchicha

4 huevos

2¼ tazas de leche

1 lata (280 ml) de crema de champiñones condensada

1 bolsa (280 g) de espinaca picada descongelada

1 lata (120 g) de champiñones escurridos y picados

1 taza (120 g) de queso cheddar rallado

1 taza (120 g) de queso para fundir rallado

¼ de cucharadita de mostaza en polvo

Ramas frescas de hierbas y tiras de zanahoria (opcional)

Salsa picante (opcional)

Engrase un refractario de 33×23 cm y acomode los croutones. Pique la salchicha y póngala en una sartén mediana; cuézala a fuego medio hasta que se dore; revuelva de vez en cuando. Escurra la grasa que haya soltado y distribuya la salchicha sobre los croutones. En un tazón grande, bata los huevos con la leche hasta que se incorporen. Agregue la crema, la espinaca, los champiñones, los quesos y la mostaza. Vierta la mezcla de huevo sobre la salchicha y los croutones. Refrigere durante toda la noche. Caliente el horno a 160 °C. Hornee la mezcla de huevo de 50 a 55 minutos o hasta que se cueza y se dore un poco la parte superior. Adorne con las hierbas y la zanahoria, si lo desea. Sirva caliente y acompañe con la salsa picante, si lo prefiere. Refrigere el sobrante.

Rinde de 10 a 12 porciones

toque personal

¡Las velas no sólo se usan en cenas! Inicie bien el día creando un ambiente relajante y acogedor. Ponga velas en la mesa y en toda la casa.

Cacerola para el Desayuno

Granola Afrutada

3 tazas de avena cruda

1 taza de almendra sin blanquear rebanada

1 taza de miel

3 cucharadas de mantequilla o margarina derretida

½ taza de germen de trigo o germen de trigo con miel

1 cucharadita de canela en polvo

3 tazas de cereal de grano entero u hojuelas de cereal de trigo integral

½ taza de arándanos negros secos o uvas pasa doradas

½ taza de arándanos rojos secos o cerezas

½ taza de plátano (banana) deshidratado o dátiles sin hueso y picados

1. Caliente el horno a 160 °C. En una charola para horno de 33×23 cm, distribuya la avena y la almendra en una sola capa. Hornee por 15 minutos o hasta que se tuesten un poco; revuelva con frecuencia con una cuchara de madera. Saque la charola del horno.

2. En un recipiente grande, combine la miel, la mantequilla, el germen de trigo y la canela; revuelva con una cuchara de madera hasta que se mezclen. Agregue la avena y la almendra; revuelva para incorporar por completo. Con la cuchara de madera, pase la mezcla a la charola y distribúyala en una sola capa.

3. Hornee durante 20 minutos o hasta que se dore. Deje enfriar por completo en la charola sobre una rejilla de alambre. Con la cuchara de madera, separe la mezcla en trozos.

4. En un recipiente grande, mezcle los trozos de avena, el cereal, los arándanos negros y rojos y el plátano.

5. Guarde en un recipiente hermético a temperatura ambiente hasta por 2 semanas.

Rinde unas 10 tazas

Granola Afrutada

glorias matinales • glorias matinales • glorias matinales • glorias matinales • glorias matinales

glorias matinales • glorias matinales • glorias matinales • glorias matinales

glorias matinales • glorias matinales • glorias matinales • glorias matinales

Muffins de Calabaza con Nuez, Azúcar y Canela

½ taza de azúcar

2½ a 3 cucharaditas de canela en polvo

1 taza de cereal 100% de salvado

1 taza de leche sin grasa

1 taza de harina de trigo

1 cucharada de polvo para hornear

½ cucharadita de bicarbonato de sodio

½ cucharadita de sal

1 taza de calabaza de lata

1 huevo batido

1 cucharada de extracto de vainilla

60 g de nuez

Caliente el horno a 200 °C. Con aceite en aerosol, rocíe un molde antiadherente para 12 muffins. En un recipiente chico, mezcle 2 cucharadas de azúcar y de ½ a 1 cucharadita de canela para espolvorear los panecillos.

En un recipiente grande mezcle el cereal con la leche; deje reposar por 5 minutos para que se suavice. Mientras tanto, en un recipiente grande, mezcle la harina, el azúcar y la canela restantes, el polvo para hornear, el bicarbonato de sodio y la sal; revuelva bien.

En el recipiente con el cereal suavizado, agregue la calabaza, el huevo y la vainilla; bata. Incorpore con suavidad la mezcla de harina; revuelva sólo hasta que se mezcle. No revuelva de más. Vierta cantidades iguales de pasta en cada molde; encima espolvoree la nuez picada y la mezcla de azúcar con canela.

Hornee de 20 a 25 minutos. Deje enfriar sobre una rejilla de alambre por 3 minutos antes de desmoldar. Sírvalos calientes o a temperatura ambiente. *Rinde 12 muffins*

una mano amiga

PARA CONSEVAR CALIENTES LOS MUFFINS, FORRE UNA CANASTA PARA PAN CON PAPEL DE ALUMINIO Y ENCIMA COLOQUE UNA SERVILLETA DE TELA. CERCIÓRESE DE QUE LA SERVILLETA SEA LO SUFICIENTEMENTE GRANDE PARA CUBRIR LOS PANECILLOS UNA VEZ QUE LOS COLOQUE EN LA CANASTA. ESTO EVITARÁ QUE SE SEQUEN Y LOS MANTENDRÁ CALIENTES.

Muffins de Calabaza con Nuez, Azúcar y Canela

glorias matinales • glorias matinales • glorias matinales • glorias matinales • glorias matinales

Strudel de Huevo y Salchicha

450 g de salchicha

¾ de taza de queso parmesano finamente rallado

1 lata (300 ml) de crema de champiñones condensada

2 huevos duros cortados en cubos de .5 cm

½ taza de cebollín en rebanadas delgadas

¼ de taza de perejil fresco picado

1 paquete (450 g) de pasta filo descongelada

Aceite antiadherente en aerosol sabor mantequilla o ½ taza de mantequilla o margarina derretida

Pique y cueza la salchicha en una sartén mediana hasta que dore. Escurra la grasa de la sartén; pase a un recipiente mediano. Agregue el queso, la crema, los huevos, el cebollín y el perejil; revuelva con suavidad hasta que se mezclen. Tape y refrigere por lo menos durante 4 horas.

Caliente el horno a 190 °C. Apile 4 hojas de pasta filo, pero, antes de apilarlas, rocíe cada una con aceite en aerosol o barnícela con mantequilla derretida. Corte cada pila por la mitad a lo largo. Con ⅓ de taza del relleno haga un cilindro y colóquelo en el extremo inferior de una pila de pasta. Doble hacia adentro los costados para cubrir el relleno; enrolle la pasta y el relleno. Selle las orillas y rocíe el rollo con aceite en aerosol o barnícelo con mantequilla. Repita el procedimiento con la masa y el relleno restantes. Ponga los rollos sobre una charola para hornear sin engrasar, con la unión hacia abajo. Hornee de 15 a 20 minutos o hasta que se doren. Sirva calientes y refrigere el sobrante. *Rinde 10 rollos*

Nota: Puede envolver y refrigerar los rollos hasta por 24 horas, o congelarlos hasta por 1 mes sin hornear. Si los congela, hornéelos durante más tiempo.

Strudel de Huevo y Salchicha

glorias matinales • glorias matinales • glorias matinales • glorias matinales • glorias matinales

glorias matinales • glorias matinales • glorias matinales • glorias matinales

glorias matinales • glorias matinales • glorias matinales • glorias matinales

Panqué de Canela y Naranja

PANQUÉ

1 caja de harina preparada para panqué sabor canela

1 huevo

⅔ de taza de jugo de naranja

1 cucharada de ralladura de cáscara de naranja

BETÚN DE NARANJA

½ taza de azúcar glass

2 a 3 cucharaditas de jugo de naranja

1 cucharadita de ralladura de cáscara de naranja

Rebanadas de naranja cortadas en cuartos, para adornar (opcional)

1. Caliente el horno a 180 °C. Engrase y enharine un molde para panqué de 21×10×7 cm.

2. Para hacer el pan, ponga en un recipiente grande el contenido de la harina para panqué. Desbarate los grumos. Agregue el huevo, los ⅔ de taza de jugo de naranja y 1 cucharada de ralladura de cáscara de naranja. Revuelva hasta que se humedezca (unas 50 batidas). Antes de abrir el sobre de canela que viene en la caja, aflójelo durante 10 segundos. Espolvoree el contenido sobre la masa y haga un movimiento en espiral con un cuchillo o una espátula en la masa; llegue hasta el fondo del recipiente para que se forme una espiral uniforme. No mezcle por completo la canela porque se pierde el efecto. Vierta en el molde. Hornee a 180 °C de 55 a 60 minutos o hasta que, al insertar en el centro del pan un palillo, éste salga limpio. Deje enfriar por 10 minutos en el molde. Afloje el panqué del molde. Voltee sobre una rejilla para que se enfríe. Póngalo hacia arriba. Déjelo enfriar completamente.

3. Para preparar el betún de naranja, ponga el azúcar glass en un recipiente chico. Vierta el jugo de naranja, 1 cucharadita a la vez, revolviendo hasta que esté suave y tenga la consistencia deseada. Incorpore 1 cucharadita de ralladura de cáscara de naranja. Bañe el panqué. Adorne con las rebanadas de naranja, si lo desea.

Rinde 1 panqué (12 rebanadas)

Consejo: Si el betún queda muy líquido, agregue más azúcar glass. Si queda muy espeso, vierta más jugo de naranja.

Panqué de Canela y Naranja

Donas

3¾ tazas de harina de trigo

1 cucharada de polvo para hornear

¾ de cucharadita de sal

1 cucharadita de canela en polvo

½ cucharadita de nuez moscada en polvo

3 huevos

¾ de taza de azúcar granulada

1 taza de puré de manzana

2 cucharadas de mantequilla o margarina derretida y un poco fría

2 tazas de azúcar glass cernida

3 cucharadas de leche

½ cucharadita de vainilla

1 litro de aceite vegetal para freir

1. En un recipiente mediano, mezcle la harina, el polvo para hornear, la sal, la canela y la nuez moscada.

2. Con la batidora eléctrica, bata los huevos a velocidad alta hasta que estén espumosos. Incorpore gradualmente mientras bate el azúcar granulada. Continúe batiendo a velocidad alta hasta que la mezcla se espese y se torne color limón.

3. Reduzca la velocidad a baja; mientras bate, incorpore el puré de manzana y la mantequilla. Agregue la mezcla de harina y bata hasta que se incorpore; limpie una vez la pared del tazón.

4. En un pedazo de envoltura de plástico, vierta la mitad de la masa. Distribuya la masa en un cuadrado de 12.5 cm; envuelva el cuadrado en otro pedazo de envoltura de plástico. Repita el procedimiento con la otra mitad de masa. Refrigere durante unas 3 horas o hasta que esté bien fría.

5. Para preparar el betún, mezcle el azúcar glass, la leche y la vainilla en un recipiente chico hasta que se incorporen. Tape.

6. Vierta el aceite en una olla. Inserte un termómetro para freír. Caliente el aceite a fuego medio hasta que el termómetro registre 190 °C; ajuste el fuego para conservar la temperatura.

7. Sobre una superficie enharinada, con un rodillo bien enharinado extienda la mitad de la masa hasta que mida 1 cm de grosor. Corte la masa con un molde para donas enharinado de 7.5 cm de diámetro; repita el procedimiento con la otra mitad de la masa. Vuelva a amasar los recortes, pero conserve los centros de las donas.

8. En un plato grande ponga 4 donas y sus centros. Deslícelos dentro del aceite, 1 a la vez. Fría hasta que doren por ambos lados; voltee con frecuencia. Saque con una espumadera y ponga a escurrir sobre un platón cubierto con toallas de papel. Repita el procedimiento con las donas y los centros restantes.

9. Con una espátula de metal, unte las donas calientes con el betún. (También puede sumergirlas en el betún.)

Rinde 1 docena de donas y sus centros

Tortilla Española

1 papa (patata) blanca chica, pelada, partida por la mitad y en rebanadas de .3 cm de espesor

¼ de taza de cebolla picada

1 diente de ajo picado

Pizca de pimienta negra en polvo

1 cucharada de margarina

1 taza de huevo batido

En una sartén de 20 cm de diámetro, a fuego medio-alto, ponga la margarina y saltee la papa, la cebolla, el ajo y la pimienta hasta que estén suaves. Vierta el huevo uniformemente sobre la papa; deje cocer sin revolver de 5 a 6 minutos o hasta que esté cocido el fondo y casi cocido por encima. Con cuidado, voltee la tortilla; cueza de 1 a 2 minutos más o hasta que esté bien cocida. Pase a un platón; corte en rebanadas y sirva. *Rinde 2 porciones*

Tiempo de Preparación: 5 minutos

Tiempo de Cocción: 15 minutos

Panecillos de Nuez

1 paquete de masa congelada para panecillos

½ taza compacta de azúcar morena

2 cucharaditas de canela en polvo

½ taza de nuez finamente picada

½ taza de mantequilla derretida

Descongele la masa a temperatura ambiente, de 45 minutos a 1 hora; no deje que la masa se esponje. Divida cada porción de masa en 4 trozos iguales; con cada trozo forme una bola con superficie tersa. En un recipiente bajo, mezcle el azúcar, la canela y la nuez. Remoje las bolas de masa en la mantequilla derretida y ruédelas sobre la mezcla de azúcar. En un molde para rosca de 25 cm de diámetro bien engrasado, acomode los panecillos en 2 capas; déjeles espacio para que suban. Mezcle el azúcar y la mantequilla restantes y vierta sobre los panecillos. Cubra el molde con una toalla húmeda; deje que esponjen a temperatura ambiente hasta que dupliquen su volumen. Caliente el horno a 180 °C. Hornee hasta que se doren. Deje reposar de 10 a 15 minutos antes de desmoldar; ponga sobre un platón. *Rinde de 8 a 10 porciones*

Bagels

6 BAGELS

- **1 taza más 3 cucharadas de agua**
- **2 cucharadas de azúcar**
- **1½ cucharaditas de sal**
- **3 tazas de harina para pan**
- **2 cucharaditas de levadura**

9 BAGELS

- **1½ tazas de agua**
- **3 cucharadas de azúcar**
- **2 cucharaditas de sal**
- **4 tazas de harina para pan**
- **2 cucharaditas de levadura**

PARA HERVIR Y HORNEAR:

- **3 litros de agua**
- **1 cucharada de azúcar**
- **2 a 3 cucharadas de harina de maíz**
- **1 huevo batido**
- **1 a 2 cucharadas de semillas de ajonjolí**

1. Mida con exactitud los ingredientes y póngalos en el recipiente del aparato para hacer pan (excepto los ingredientes necesarios para hervir y hornear), en el orden que se especifique en el manual del aparato. Programe el ciclo para la masa; presione el botón de inicio.

2. Saque la masa y colóquela sobre una superficie enharinada; ámasela un poco. Corte en 6 piezas para la porción chica, o en 9 piezas para la porción grande. Con ellas forme bolas. Colóquelas sobre la superficie enharinada; déjelas reposar por 10 minutos. En el centro de cada bola, haga un hueco con el dedo pulgar. Estire la masa para formar una dona. Colóquelas de nuevo sobre la superficie enharinada. Deje que esponjen, sin tapar, durante 15 minutos. No deje que los bagels suban de más.

3. Para hervir y hornear, caliente el horno a 200 °C. En una sartén profunda o en un wok grande, ponga a hervir el agua con el azúcar. Rocíe 2 charolas para horno con aceite en aerosol y espolvoréelas con harina de maíz. Con cuidado, meta los bagels, 3 a la vez, en el agua hirviente. Déjelos hervir por 5 minutos; gírelos con frecuencia. Sáquelos con una espumadera y póngalos a escurrir un poco sobre toallas de papel. Acomódelos en las charolas separados 5 cm. Barnícelos con el huevo batido y espolvoréelos con semillas de ajonjolí, si lo desea. Hornee de 25 a 30 minutos o hasta que se doren. Sáquelos de las charolas; déjelos enfriar sobre una rejilla de alambre.

Rinde 6 o 9 bagels

Bagels

Strata de Pan Francés

- **120 g de pan francés del día anterior, cortado en cubos de 1.5 cm (4 tazas)**
- **⅓ de taza de uvas pasa doradas**
- **1 paquete (90 g) de queso crema cortado en cubos**
- **3 huevos**
- **1½ tazas de leche**
- **½ taza de jarabe sabor maple**
- **1 cucharadita de vainilla**
- **2 cucharadas de azúcar**
- **1 cucharadita de canela en polvo**

Rocíe un refractario de 28×18 cm con aceite en aerosol. Acomode en el refractario los cubos de pan en una capa uniforme; distribuya las uvas pasa y el queso crema encima del pan.

En el tazón mediano de la batidora eléctrica, bata los huevos a velocidad media hasta que se incorporen. Agregue la leche, ½ taza del jarabe sabor maple y la vainilla; bata bien. Vierta la mezcla uniformemente sobre el pan. Tape; refrigere por lo menos durante 4 horas o por toda una noche.

Caliente el horno a 180 °C. En un recipiente chico mezcle el azúcar con la canela; espolvoree uniformemente sobre la strata.

Hornee, sin tapar, de 40 a 45 minutos o hasta que esponje, se dore y que, al insertar en el centro un cuchillo, éste salga limpio. Corte en cubos y sirva con más jarabe sabor maple, si lo desea.

Rinde 6 porciones

toque personal

SI QUIERE QUE LA MESA LUZCA BIEN, ADORNE CON UN CENTRO DE MESA PRÁCTICO Y HERMOSO: EN UN FRUTERO DE CRISTAL, PONGA DIFERENTES FRUTAS. CERCIÓRESE DE ELEGIR FRUTAS DE DIFERENTE FORMA Y COLOR.

Strata de Pan Francés

glorias matinales • glorias matinales • glorias matinales • glorias matinales • glorias matinales

Sensación de Espinaca

225 g de rebanadas de tocino

1 taza (225 g) de crema agria

3 huevos separados

2 cucharadas de harina de trigo

⅛ de cucharadita de pimienta negra

1 bolsa (285 g) de espinaca picada descongelada y escurrida

½ taza (60 g) de queso cheddar rallado

½ taza de pan molido

1 cucharada de margarina o mantequilla derretida

Caliente el horno a 180 °C. Rocíe un molde redondo de 2 litros de capacidad con aceite en aerosol.

En una sartén grande ponga el tocino en una sola capa; fríalo a fuego medio hasta que esté crujiente. Sáquelo de la sartén y déjelo escurrir sobre toallas de papel. Desmenúcelo.

En un recipiente grande, mezcle la crema agria, las yemas de huevo, la harina y la pimienta. En el tazón mediano de la batidora eléctrica, bata las claras de huevo a velocidad alta hasta que se formen picos rígidos. Vierta ¼ de las claras de huevo en la mezcla de crema agria; luego incorpore el resto de las claras de forma envolvente.

Ponga la mitad de la espinaca en el molde. Corone con la mitad de la mezcla de crema agria. Espolvoree ¼ de taza del queso sobre la crema. Espolvoree el tocino sobre el queso. Repita las capas; termine con el queso restante.

En un recipiente chico mezcle el pan molido con la margarina; espolvoree sobre el queso.

Hornee, sin tapar, de 30 a 35 minutos o hasta que se cueza la mezcla de huevo. Deje reposar por 5 minutos antes de servir.

Rinde 6 porciones

Sensación de Espinaca

Bollos Volteados para el Desayuno

¼ de taza de agua caliente (de 40 a 45 °C)

1 sobre de levadura de esponjado rápido

¼ de cucharadita de azúcar

1 taza de leche caliente; déjela enfriar un poco

½ taza de aceite de canola

½ taza de azúcar

3 huevos batidos

1½ cucharaditas de sal

4½ tazas de harina de trigo

¾ de taza de mantequilla (1½ barras) suavizada

2 tazas compactas de azúcar morena

1 taza de cerezas, picadas

1 frasco (450 g) de albaricoque (chabacano) y piña en almíbar

Vierta el agua en un recipiente grande; espolvoree encima la levadura y después ¼ de cucharadita de azúcar; revuelva bien. Deje reposar de 5 a 8 minutos o hasta que esté un poco espumosa. Mientras tanto, en un recipiente chico, bata la leche, el aceite, ½ taza de azúcar, los huevos y la sal hasta que se incorporen bien. Vierta la mezcla de leche sobre la levadura; revuelva bien. De forma gradual, agregue la harina a la mezcla; revuelva hasta que se incorpore. Bata la masa en el recipiente (durante unos 5 minutos) hasta que esté suave. Añada más harina si la masa está pegajosa. Cubra con una toalla y deje esponjar en un lugar caliente por 30 minutos o hasta que la masa casi duplique su tamaño. Golpee la masa una vez; tápela.

Mientras tanto, en un recipiente chico, bata la mantequilla con el azúcar morena a punto de crema. Vierta (sin compactar) 2 cucharaditas de la mezcla de azúcar en 24 moldes para muffin. Distribuya la cereza sobre el azúcar; después, coloque 2 cucharaditas de fruta en cada molde. Desprenda pedazos chicos de la masa y colóquelos sobre la fruta; rellene cada molde hasta la orilla. Tape; deje reposar de 15 a 20 minutos. Caliente el horno a 190 °C. Hornee de 12 a 15 minutos o hasta que estén dorados. De inmediato, voltee el molde sobre una charola. No desmolde los bollos. Espere unos minutos para que la conserva escurra por los costados de los bollos. Desmolde los bollos; deje enfriar por 5 minutos. Páselos a una rejilla de alambre. Sirva calientes.

Rinde 2 docenas de bollos

Bollos Volteados para el Desayuno

Pan de Nuez y Miel para el Café

⅔ de taza de leche

6 cucharadas de margarina o mantequilla suavizada

9 cucharadas de miel

2½ a 3½ tazas de harina de trigo

1 sobre de levadura activa en polvo

¾ de cucharadita de sal

3 huevos

1¼ tazas de nuez tostada, picada

3 cucharadas de azúcar morena

1½ cucharadas de margarina o mantequilla derretida

1 cucharada de canela en polvo

1 cucharadita de agua

En una cacerola, a fuego bajo, caliente la leche, la margarina suavizada y 3 cucharadas de miel. En un recipiente, mezcle 2¼ tazas de harina, la levadura y la sal. Lentamente, vierta la leche caliente sobre la mezcla de harina. En un recipiente chico, bata 2 huevos y agréguelos a la mezcla de harina. Revuelva con una espátula hasta que se incorporen. Añada más harina hasta que se forme una masa suave, pero compacta.

Pase la masa a una superficie poco enharinada. Amase hasta que esté suave y elástica; agregue el resto de la harina para evitar que se pegue. Forme una bola; cúbrala con el recipiente volteado hacia abajo. Deje que la masa esponje hasta que incremente en un tercio su tamaño. Golpee la masa; ponga sobre una superficie poco enharinada. Con un rodillo enharinado, extiéndala y forme un rectángulo de 35×20 cm.

Mezcle 1 taza de nuez, el azúcar, la margarina derretida, la canela y 3 cucharadas de miel. Unte sobre la masa; presione un poco. Comenzando por un extremo largo, enrolle la masa. Selle las uniones; coloque la unión hacia abajo. Aplane un poco. Retuerza la masa de 6 a 8 veces. Engrase un molde para torta de 23 cm de diámetro. Ponga la masa en el molde; haga una espiral floja comenzando por el centro y vaya acomodándola hacia fuera. Pliegue el extremo debajo de la masa; pellízquelo para sellarlo. Cubra, sin apretar, con envoltura de plástico ligeramente engrasada. Deje esponjar hasta que duplique su volumen.

Caliente el horno a 190 °C. Ponga el molde sobre una charola. Bata el huevo restante con 1 cucharadita de agua; barnice la masa. Rocíe por encima con las 3 cucharadas de miel restantes y espolvoree la nuez restante. Hornee hasta que esté bien dorado. A la mitad del tiempo de cocción, gire el molde y cúbralo con papel de aluminio para evitar que se queme. Retire el papel de aluminio 5 minutos antes de concluir el horneado. Deje enfriar por 5 minutos en el molde, sobre una rejilla de alambre. Desmolde.

Rinde 12 porciones

Pan de Nuez y Miel para el Café

Rosca Danesa de Queso y Cereza

250 g de pasta hojaldrada refrigerada

3 cucharadas de sustituto de mantequilla sin sal, derretida

1 taza (120 g) de queso Muenster bajo en sodio, rallado

⅓ de taza más 2 cucharadas de azúcar glass cernida

1 yema de huevo

1 cucharadita de ralladura de cáscara de limón

¼ de cucharadita de extracto de almendra

1 taza de cerezas o arándanos rojos secos, picados

1 taza de almendra rallada (opcional)

1. Caliente el horno a 190 °C. Rocíe una charola para hornear con aceite en aerosol.

2. Sobre una superficie poco enharinada, extienda la masa formando un rectángulo de 35×45 cm; barnice con 2 cucharadas de mantequilla.

3. En el recipiente del procesador de alimentos, ponga el queso, ⅓ de taza de azúcar glass, la yema de huevo, la ralladura de cáscara de limón y el extracto de almendra. Procese durante 15 segundos o sólo hasta que se incorporen. (Evite procesar de más.) Extienda sobre la masa; deje un margen de 1.5 cm. Espolvoree uniformemente las cerezas.

4. Comenzando por uno de los extremos anchos, enrolle la masa. Ponga la masa sobre una charola para hornear, con la unión hacia abajo; forme una rosca de 30 cm de diámetro y pellizque los extremos para unirlos.

5. Con unas tijeras, haga cortes a intervalos de 2.5 cm en el costado exterior de la rosca hacia el centro (pero no corte hasta la orilla). A cada sección déle medio giro; deje que el relleno quede expuesto. Barnice la parte superior con la mantequilla restante. Espolvoree las almendras, si lo desea.

6. Hornee por 20 minutos o justo hasta que esté dorado. Con una espátula grande, con cuidado, deslice la rosca sobre una rejilla para que se enfríe durante 15 minutos; después espolvoree el azúcar glass restante. *Rinde 1 rosca (de 40 cm de diámetro)*

Muffins de Queso y Tocino

225 g de tocino
1 huevo batido
¾ de taza de leche
1¾ tazas de harina de trigo
¼ de taza de azúcar
1 cucharada de polvo para hornear
1 taza (120 g) de queso cheddar rallado
½ taza de cereal crujiente

Caliente el horno a 200 °C. En una sartén grande, fría el tocino a fuego medio-alto hasta que esté crujiente. Escúrralo; conserve la grasa. Si es necesario, agregue aceite a la grasa para completar ⅓ de taza. En un recipiente chico, mezcle la grasa, el huevo y la leche. Desmenuce el tocino.

En un recipiente grande, mezcle la harina, el azúcar y el polvo para hornear; haga un pozo en el centro. Vierta completa la mezcla de huevo sobre la mezcla de harina; revuelva sólo hasta que se humedezca. La pasta queda grumosa. Incorpore el tocino, el queso y el cereal. Vierta en un molde para muffins, de 7.5 cm, engrasados o cubiertos con tazas de papel; llene ¾ partes de la taza. Hornee de 15 a 20 minutos o hasta que se doren. Desmóldelos. Deje enfriar sobre una rejilla de alambre.

Rinde 12 muffins

Almuerzo Favorito de Mamá

6 huevos
1 taza de yogur
1 taza (120 g) de queso cheddar rallado
½ cucharadita de pimienta
1 taza de jamón finamente picado
225 g de cualquier tipo de queso pasteurizado

1. Caliente el horno a 180 °C. Engrase ligeramente un refractario de 30×20 cm.

2. En un recipiente mediano, mezcle los huevos con el yogur; bata con un batidor de alambre hasta que se incorporen. Agregue el queso cheddar y la pimienta.

3. Acomode el jamón en el refractario; vierta la mezcla de huevo sobre el jamón. Hornee de 25 a 30 minutos o hasta que el huevo esté cocido. Utilice el queso pasteurizado para escribir o dibujar sobre el huevo; deje reposar de 2 a 3 minutos o hasta que el queso esté un poco derretido.

Rinde 10 porciones

Variante: Sustituya el jamón con 500 g de salchicha de cerdo, dorada y escurrida.

glorias matinales • glorias matinales • glorias matinales • glorias matinales • glorias matinales

Omelet de Champiñones y Hierbas

1 taza de huevo batido

1 cucharada de perejil picado

1 cucharadita de orégano, albahaca o tomillo frescos, picados (o ¼ de cucharadita de hierba seca)

2 tazas de champiñones rebanados

2 cucharaditas de margarina

En un recipiente chico, ponga el huevo, el perejil y el orégano, la albahaca o el tomillo.

En una sartén de 20 cm de diámetro, a fuego medio, saltee los champiñones con 1 cucharadita de margarina hasta que estén suaves. En la misma sartén, a fuego medio, derrita ½ cucharadita de margarina. Vierta la mitad de la mezcla de huevo en la sartén. Cueza; levante las orillas para dejar que el huevo crudo fluya hacia abajo. Cuando casi esté cocido, ponga la mitad de los champiñones sobre una mitad del omelet. Dóblelo a la mitad; páselo a un platón. Repita el procedimiento con la margarina, la mezcla de huevo y los champiñones restantes.

Rinde 2 porciones

Tiempo de Preparación: 10 minutos

Tiempo de Cocción: 20 minutos

Granola con Almendra y Dátil

2 tazas de avena clásica sin cocer

2 tazas de hojuelas de cebada

1 taza de almendra rallada

⅓ de taza de aceite vegetal

⅓ de taza de miel

1 cucharadita de vainilla

1 taza de dátiles picados

1. Caliente el horno a 190 °C. Engrase un molde de 33×23 cm.

2. En un recipiente grande, mezcle la avena, las hojuelas de cebada y la almendra.

3. En un recipiente chico, mezcle el aceite, la miel y la vainilla. Vierta la mezcla de miel sobre la de avena; revuelva bien. Vacíe en el molde que preparó.

4. Hornee durante unos 25 minutos o hasta que se tueste; revuelva con frecuencia después de los primeros 10 minutos en el horno. Incorpore el dátil a la mezcla caliente. Deje enfriar. Guarde en un recipiente hermético.

Rinde 6 tazas

Granola con Almendra y Dátil

Panecillos con Cruz

2 tazas de leche

¼ de taza de mantequilla sin sal, suavizada

6½ a 7½ tazas de harina de trigo

2 sobres de levadura activa en polvo

¼ de taza de azúcar

2 cucharaditas de sal

2 huevos

2 tazas de uvas pasa

½ taza de azúcar glass

2 a 4 cucharadas de crema espesa

1. En una cacerola chica, caliente la leche y la mantequilla a fuego medio sólo hasta que se derrita la mantequilla. Retire del fuego; deje enfriar hasta que llegue a 50 o 55 °C. Engrase dos moldes para panqué de 23×13 cm.

2. En un recipiente grande, mezcle 4 tazas de harina, la levadura, el azúcar y la sal. Agregue la mezcla de leche y los huevos. Bata vigorosamente por 2 minutos. Añada el resto de la harina, ¼ de taza a la vez, hasta que la masa comience a separarse de los costados del recipiente.

3. Pase la masa a una superficie enharinada; aplánela un poco. Ámasela durante 10 minutos o hasta que esté suave y elástica; si es necesario, agregue más harina para evitar que se pegue.

4. Haga una bola con la masa. Métala en un recipiente grande ligeramente aceitado; ruede la masa para que la superficie se aceite. Cubra con una toalla; deje que esponje en un lugar tibio durante 1 hora o hasta que duplique su volumen.

5. Ponga la masa en una superficie ligeramente aceitada; divídala en dos partes iguales. Conserve una mitad cubierta. Amase e incorpore 1 taza de uvas pasa. Tape con una toalla; deje reposar por 5 minutos.

6. Divida la masa en 15 pedazos iguales. Con cada uno, forme una bola. Acomódelas espaciadas en el molde que preparó. Tape con una toalla; deje que esponje en un lugar tibio por 45 minutos. Repita el procedimiento con la otra mitad de masa. Caliente el horno a 200 °C. Hornee durante 15 minutos o hasta que los panecillos se doren. De inmediato, desmolde; deje enfriar sobre una rejilla de alambre durante 30 minutos. En una taza medidora, mezcle el azúcar glass con la crema, 2 cucharadas a la vez. Agregue más crema hasta alcanzar la consistencia deseada. Vierta un hilo delgado de la mezcla para formar una cruz sobre cada panecillo.

Rinde 30 panecillos

Panecillos con Cruz

glorias matinales • glorias matinales • glorias matinales • glorias matinales • glorias matinales
glorias matinales • glorias matinales • glorias matinales • glorias matinales • glorias matinales

Muffins de Naranja y Arándano

1¾ tazas de harina de trigo

⅓ de taza de azúcar

2½ cucharaditas de polvo para hornear

½ cucharadita de bicarbonato de sodio

½ cucharadita de sal

½ cucharadita de canela en polvo

1 huevo ligeramente batido

¾ de taza de leche sin grasa (descremada)

¼ de taza de mantequilla o margarina derretida y un poco fría

3 cucharadas de jugo de naranja concentrado descongelado

1 cucharadita de vainilla

¾ de taza de arándano negro fresco o descongelado

Caliente el horno a 200 °C. Engrase un molde para muffins o fórrelo con tazas de papel.

En un recipiente grande, mezcle la harina, el azúcar, el polvo para hornear, el bicarbonato de sodio, la sal y la canela. En el tazón mediano de la batidora eléctrica, a velocidad media, bata el huevo, la leche, la mantequilla, el jugo de naranja concentrado y la vainilla hasta que se incorporen. Vierta la mezcla de leche sobre los ingredientes en polvo. Mezcle ligeramente hasta que los ingredientes en polvo estén un poco húmedos (la mezcla queda grumosa). Agregue el arándano; revuelva con suavidad hasta que los arándanos estén bien distribuidos.

Rellene las tazas de los moldes hasta ¾ partes de su capacidad. Hornee de 20 a 25 minutos (de 25 a 30 minutos si utiliza arándanos congelados) o hasta que, al insertar en el centro de los muffins un palillo, éste salga limpio. Desmolde y deje enfriar por 5 minutos. Pase los muffins a una rejilla de alambre. Sírvalos calientes.

Rinde 12 muffins

toque personal

Los muffins son el pan perfecto para el desayuno, porque se pueden preparar con anticipación. Simplemente envuélvalos y congélelos. Para volver a calentarlos, envuélvalos con papel de aluminio y caliéntelos en el horno a 180 °C de 15 a 20 minutos. Para que tengan mejor sabor, consuma los muffins congelados antes de un mes después de prepararlos.

Muffins de Naranja y Arándano

glorias matinales • glorias matinales • glorias matinales • glorias matinales • glorias matinales

glorias matinales • glorias matinales • glorias matinales • glorias matinales • glorias matinales

Strata de Queso Cheddar

450 g de pan francés cortado en rebanadas, sin corteza

2 tazas (225 g) de queso cheddar, rallado

2 huevos enteros

3 claras de huevo

4 tazas de leche sin grasa (descremada)

1 cucharadita de cebolla rallada

1 cucharadita de mostaza en polvo

½ cucharadita de sal

Pimentón al gusto

1. Rocíe un refractario de 33×23 cm con aceite en aerosol. Ponga ahí la mitad de las rebanadas de pan; traslápelas un poco si es necesario. Distribuya encima 1¼ tazas de queso. Ponga el resto de las rebanadas de pan sobre el queso.

2. En un recipiente grande, bata los huevos enteros con las claras. Agregue la leche, la cebolla, la mostaza y la sal; bata hasta que se incorporen. Vierta equitativamente sobre el pan y el queso. Cubra con el queso restante y espolvoree con el pimentón. Tape y refrigere durante 1 hora o por toda la noche.

3. Caliente el horno a 180 °C. Hornee la strata durante unos 45 minutos o hasta que se derrita el queso y se dore el pan. Deje reposar por 5 minutos antes de servir. Adorne con estrellas de pimiento morrón rojo y perejil italiano fresco, si lo desea.

Rinde 8 porciones

toque personal

Para la primera comida del día, arregle de manera sencilla la mesa. Simplemente ponga una fruta redonda en el centro de una servilleta de tela. Junte las 4 puntas sobre la fruta y deslice un anillo para servilleta sobre los extremos para conservarlos unidos.

Strata de Queso Cheddar

glorias matinales • glorias matinales • glorias matinales • glorias matinales • glorias matinales

Panecillos de Arándano

- **1½ tazas de harina de trigo**
- **½ taza de avena integral**
- **¼ de taza más 1 cucharada de azúcar**
- **2 cucharaditas de polvo para hornear**
- **½ cucharadita de bicarbonato de sodio**
- **½ cucharadita de sal**
- **5 cucharadas de margarina o mantequilla**
- **¾ de taza de arándano rojo seco**
- **⅓ de taza de leche**
- **1 huevo**
- **¼ de taza de crema agria**
- **1 cucharada de avena clásica o de cocción rápida (opcional)**

Caliente el horno a 220 °C. En un recipiente grande, mezcle la harina, la avena, ¼ de taza de azúcar, el polvo para hornear, el bicarbonato de sodio y la sal. Con un cuchillo para repostería o con 2 cuchillos, corte dentro la margarina hasta que la mezcla parezca hecha de migajas finas. Incorpore el arándano. En un recipiente chico bata la leche con el huevo. Conserve 2 cucharadas de la mezcla de leche. Vierta la crema agria en la mezcla de leche restante; vacíe sobre la de harina y revuelva hasta que se forme una masa suave.

Pase la masa a una superficie bien enharinada. Con suavidad, amase de 10 a 12 veces. Extienda la masa y forme un rectángulo de 23×15 cm. Con un cuchillo enharinado, corte la masa en 6 cuadrados (de 7.5 cm); corte diagonalmente los cuadros por la mitad, para obtener 12 triángulos. Colóquelos sobre charolas para hornear sin engrasar, a 5 cm de distancia entre sí. Barnice los triángulos con la mezcla de leche que conservó. Espolvoree con la avena, si lo desea, y con la cucharada restante de azúcar.

Hornee de 10 a 12 minutos o hasta que se doren. Saque de las charolas y deje enfriar sobre rejillas de alambre por 10 minutos. Sirva calientes.

Rinde 12 panecillos

Sugerencia para Servir: Acompañe con su mermelada favorita.

Panecillos de Arándano

Hot Cakes con Salsa de Arándano y Naranja

Salsa de Arándano y Naranja (receta más adelante)
2 tazas de harina de trigo
1 cucharada de azúcar
1½ cucharaditas de polvo para hornear
½ cucharadita de bicarbonato de sodio
½ cucharadita de sal
1 huevo
1½ tazas de suero de leche
¼ de taza de aceite vegetal

1. Prepare la Salsa de Arándano y Naranja. Engrase un poco y caliente una plancha o una sartén grande a fuego medio.

2. En un recipiente grande, mezcle la harina, el azúcar, el polvo para hornear, el bicarbonato de sodio y la sal.

3. Bata el huevo en un recipiente mediano. Agregue el suero de leche y el aceite; bata hasta que se incorporen. Vierta la mezcla de huevo sobre la de harina; revuelva sólo hasta que se humedezca.

4. Para cada hot cake, coloque más o menos ½ taza de masa en la plancha caliente. Cueza hasta que la parte superior parezca estar seca; voltee y continúe cociendo hasta que se dore. Sirva con la Salsa de Naranja y Arándano. *Rinde de 6 a 8 hot cakes (de 12 cm)*

Salsa de Arándano y Naranja

2 cucharadas de fécula de maíz
2 cucharadas de agua fría
½ taza de jugo de naranja
1 cucharada de ralladura de cáscara de naranja
1 bolsa (450 g) de arándanos negros descongelados o 3½ a 4 tazas de arándanos negros frescos
½ taza de azúcar
2 cucharadas de licor de naranja

Mezcle la fécula de maíz y el agua hasta que se incorporen. Agregue el jugo de naranja y la ralladura de cáscara de naranja. A la mezcla de fécula de maíz añada el arándano, cualquier jugo que se haya acumulado y el azúcar. Cueza y revuelva a fuego alto hasta que la mezcla hierva. Reduzca el fuego a medio-bajo y deje cocer hasta que la mezcla se espese; revuelva de vez en cuando. Retire del fuego y vierta el licor. *Rinde de 6 a 8 porciones*

Hot Cakes con Salsa de Arándano y Naranja

glorias matinales • glorias matinales • glorias matinales • glorias matinales

Muffins de Manzana y Melaza

2 tazas de harina de trigo

¼ de taza de azúcar

1 cucharada de polvo para hornear

1 cucharadita de canela en polvo

¼ de cucharadita de sal

1 manzana Fuji pelada, finamente picada

½ taza de leche

¼ de taza de melaza

¼ de taza de aceite vegetal

1 huevo grande

1. Caliente el horno a 230 °C. Engrase ligeramente 8 moldes para muffin de 7.5 cm de diámetro. En un recipiente grande, mezcle la harina, el azúcar, el polvo para hornear, la canela y la sal. Agregue la manzana y revuelva para distribuirla uniformemente.

2. En un recipiente chico, bata la leche, la melaza, el aceite y el huevo. Vierta sobre los ingredientes en polvo y revuelva sólo hasta que se incorporen. Rellene los moldes para muffin con la masa. Hornee por 5 minutos; después, reduzca la temperatura a 180 °C y hornee de 12 a 15 minutos más o hasta que el centro de los panecillos se contraiga cuando los presione con suavidad. Déjelos enfriar en el molde durante 5 minutos. Desmóldelos y déjelos enfriar un poco; sirva. *Rinde 8 muffins (de 7.5 cm)*

Tacitas de Fruta

1 paquete de masa congelada para panecillos

¼ de taza de fruta o de relleno de fruta para pay

1 taza de azúcar glass

1 cucharada de jugo de naranja

Descongele la masa a temperatura ambiente. Amásela hasta que esté suave. Extiéndala hasta formar un cuadrado de 30 cm. Córtela en 9 cuadrados (de 10 cm). Engrase un molde para muffins; meta un cuadro en cada taza, de manera que las puntas queden hacia afuera. En cada molde, ponga 1 cucharadita abundante del relleno de fruta. Deje que la masa esponje según las instrucciones de la envoltura. Caliente el horno a 180 °C. Hornee hasta que se doren un poco. Para el betún, mezcle el azúcar glass y el jugo de naranja; revuelva hasta que se incorporen. Barnice con el betún la parte superior de las tazas. *Rinde 9 tacitas*

Muffins de Manzana y Melaza

platillos informales

ideas para menú

SABOR DE ITALIA

Ratatouille de Tres Champiñones (página 20)

Pollo Vesubio (página 206)

Coliflor al Limón (página 127)

Bombones Capuchinos (página 362)

Galletas de Avellana (página 326)

ideas para menú

REUNIONES IMPROVISADAS

Queso al Pesto para Untar (página 6)

Chuletas de Cerdo con Guarnición (página 98)

Calabazas al Horno (página 212)

Torta de Zanahoria con Betún de Queso Crema (página 340)

ideas para menú

FIESTA MEXICANA

Margaritas de Nectarina (página 26)

Guacamole (página 23)

Enchiladas de Pollo y Frijol Negro (página 100)

Pollo y Verduras Asados sobre Arroz Salvaje (página 105)

Steaks Salisbury con Salsa de Champiñones

450 g de lomo de res molido

¾ de cucharadita de sal de ajo o sal sazonada

¼ de cucharadita de pimienta

2 cucharadas de mantequilla o margarina

225 g de champiñones botón rebanados o champiñones exóticos rebanados

2 cucharadas de vermouth dulce u oporto

360 ml de gravy para carne de res

1. Ponga a calentar una sartén grande con recubrimiento antiadherente a fuego medio-alto por 3 minutos.* Mientras tanto, mezcle el lomo molido con el ajo, la sal y la pimienta; revuelva bien. Con la mezcla haga cuatro steaks de .5 cm de grosor.

2. A medida que haga los steaks, vaya poniéndolos en la sartén; cuézalos durante 3 minutos por lado o hasta que estén dorados. Páselos a un platón; consérvelos calientes. Deseche la grasa que quede en la sartén.

3. Derrita la mantequilla en la sartén; agregue los champiñones y cuézalos por 2 minutos, revuelva de vez en cuando. Agregue el vermouth; cueza por 1 minuto. Añada el gravy; revuelva bien.

4. Regrese los steaks a la sartén; deje cocer, sin tapar, a fuego medio durante 3 minutos hasta que tengan término medio o el término que usted desee, voltee la carne y revuelva un poco la salsa.

Rinde 4 porciones

**Si la sartén no es gruesa, póngala a fuego medio.*

Nota: Para darle un toque especial, espolvoree los steaks con perejil o cebollín picado.

Tiempo de Preparación y Cocción: 20 minutos

Steaks Salisbury con Salsa de Champiñones

platillos informales • platillos informales • platillos informales • platillos informales

Pollo y Verduras Cremosos con Hojaldre

- **2 pechugas de pollo enteras abiertas (unos 900 g)**
- **1 cebolla mediana rebanada**
- **4 zanahorias picadas**
- **4 tallos de apio con hojas, cortados en trozos de 2.5 cm**
- **300 g de pasta hojaldrada**
- **2 cucharadas de mantequilla o margarina**
- **1 cebolla mediana picada**
- **225 g de champiñones frescos rebanados**
- **½ taza de harina de trigo**
- **1 cucharadita de albahaca seca**
- **1 cucharadita de sal**
- **¼ a ½ cucharadita de pimienta blanca**
- **1 taza de leche**
- **1 taza de chícharos (guisantes) descongelados**

1. Para hacer el caldo de pollo, en una olla grande ponga el pollo, la cebolla rebanada, ⅓ de la zanahoria y ⅓ del apio. Agregue suficiente agua fría para cubrir todos los ingredientes. Tape y deje hervir a fuego medio. Reduzca el fuego a bajo y deje cocer de 5 a 7 minutos o hasta que el pollo pierda su color rosado en el centro.

2. Saque el pollo de la olla y déjelo enfriar. Cuele el caldo a través de un colador grande forrado con varias capas de manta de cielo húmeda; deseche las verduras. Refrigere el caldo; deseche la grasa que se le forme. Mida 2 tazas de caldo.

3. Cuando el pollo esté lo suficientemente frío como para manejarlo, desprenda la piel y los huesos, y deséchelos. Deshebre el pollo.

4. En una cacerola mediana, ponga la zanahoria y el apio restantes, y suficiente agua que los cubra. Tape; deje que hierva. Reduzca el fuego a medio-bajo; deje cocer por 8 minutos o hasta que las verduras estén suaves.

5. Caliente el horno a 200 °C. Sobre una superficie un poco enharinada, extienda la pasta hasta formar un rectángulo de 30×20 cm. Colóquela sobre una charola sin engrasar y hornéela por 15 minutos.

6. En una cacerola grande, derrita la mantequilla a fuego medio-alto. Agregue la cebolla picada y el champiñón; sofría durante 5 minutos o hasta que estén suaves. Incorpore la harina, la albahaca, la sal y la pimienta. Vierta lentamente el caldo de pollo que apartó y la leche. Deje cocer hasta que la mezcla comience a hervir. Cueza por 1 minuto más sin dejar de revolver.

7. Incorpore el pollo, los chícharos, la zanahoria y el apio. Cueza hasta que esté bien caliente. Vierta la mezcla en un refractario de 30×20 cm; cubra con la pasta caliente. Hornee durante 5 minutos hasta que se dore la pasta. Adorne a su gusto.

Rinde 6 porciones

Pollo y Verduras Cremosos con Hojaldre

Albóndigas Italianas

675 g de mezcla de carne molida*

⅓ de taza de pan molido

⅓ de taza de leche

⅓ de taza de cebolla picada

¼ de taza de queso parmesano rallado

1 huevo

2 dientes de ajo

1½ cucharaditas de albahaca seca

1 cucharadita de sal

1 cucharadita de orégano seco

½ cucharadita de salvia frotada

¼ de cucharadita de hojuelas de pimienta roja

Salsa Marinara

Queso parmesano rallado y pasta cocida caliente

**La mezcla de carne molida se hace de la siguiente manera: 450 g de carne molida de res, 125 g de carne molida de cerdo y 125 g de carne molida de ternera.*

Caliente el horno a 200 °C. Con aceite en aerosol, rocíe una cacerola que pueda meter al horno. En un recipiente mezcle todos los ingredientes, excepto la Salsa Marinara, el queso adicional y la pasta. Mezcle bien, pero con suavidad. Con ⅓ de taza de carne, forme las albóndigas. Ponga las albóndigas en la cacerola que preparó; hornéelas de 25 a 30 minutos hasta que, al insertar en las albóndigas un termómetro, éste registre 62 °C.

Mientras tanto, prepare la Salsa Marinara. Cuando esté lista, agregue las albóndigas horneadas; deje cocer, sin tapar, durante unos 10 minutos o hasta que las albóndigas estén bien cocidas y hayan perdido su color rosado en el centro; gire una vez las albóndigas en la salsa. (La temperatura interna debe ser de 70 a 73 °C). Sirva las albóndigas en platos hondos; corone con la salsa. Sirva con queso y pasta. *Rinde de 5 a 6 porciones*

Salsa Marinara

1½ cucharadas de aceite de oliva

3 dientes de ajo picados

785 g de tomate rojo finamente picado; conserve el jugo

¼ de taza de puré de tomate

2 cucharaditas de albahaca seca

½ cucharadita de azúcar

¼ de cucharadita de sal

¼ de cucharadita de hojuelas de pimienta roja

Caliente el aceite a fuego medio. Agregue el ajo; fría por 3 minutos. Incorpore el resto de los ingredientes. Deje que hierva; reduzca el fuego a bajo; deje cocer, sin tapar, durante 10 minutos. Rinde unas 3½ tazas.

Albóndigas Italianas

Carne de Res con Pan de Maíz

675 g de carne molida de res

1 sobre (unos 30 g) de sazonador

½ taza de agua

1 lata (360 g) de granos de elote (maíz) escurridos

½ taza de rajas de chile verde

1 lata (225 g) de puré de tomate

1 caja (230 g) de harina para pan de maíz, más los ingredientes necesarios para prepararlo

1⅓ tazas de aros de cebolla

½ taza (60 g) de queso cheddar rallado

Caliente el horno a 200 °C. En una sartén grande, dore la carne molida; escúrrala. Incorpore el sazonador, el agua, el elote, el chile verde y el puré de tomate; vierta la mezcla en una cacerola de 2 litros de capacidad. En un recipiente chico, prepare la harina para pan siguiendo las instrucciones de la caja; agregue ⅔ de taza de los aros de cebolla. Distribuya la masa alrededor de la mezcla de carne. Hornee, sin tapar, a 200 °C durante 20 minutos o hasta que se cueza el pan de maíz. Corone el pan con el queso y los aros de cebolla restantes; hornee, sin tapar, de 1 a 3 minutos o hasta que se dore la cebolla. *Rinde 6 porciones*

Instrucciones para Horno de Microondas: En un refractario para horno de mircroondas de 30×20 cm, desmenuce la carne de res. Cueza, sin tapar, a temperatura ALTA de 4 a 6 minutos o hasta que se cueza la carne. A la mitad del tiempo de cocción, revuelva la carne. Escúrrala bien. Prepare la mezcla de carne y corónela con la masa como se indica arriba. Cueza, sin tapar, a temperatura MEDIA (50-60%) de 7 a 9 minutos o hasta que el pan de maíz esté casi cocido. Gire el refractario a la mitad del tiempo de cocción. Corone el pan con el queso y los aros de cebolla restantes; cueza, sin tapar, a temperatura ALTA durante 1 minuto o hasta que se derrita el queso. Cubra el refractario y deje reposar por 10 minutos. (El pan acabará de cocerse durante el tiempo de reposo.)

Quiché de Espinaca

- 1 poro (puerro) mediano
- Agua
- ½ taza de mantequilla
- 2 tazas de pollo cocido picado
- 285 g de espinaca picada, cocida
- 1 base para pay (de 25 cm de diámetro), sin hornear
- 1 cucharada de harina de trigo
- 1½ tazas (180 g) de queso suizo rallado
- 4 huevos
- 1½ tazas de mitad de leche y agua a partes iguales o de leche evaporada
- 2 cucharadas de brandy
- ½ cucharadita de sal
- ¼ de cucharadita de pimienta negra
- ¼ de cucharadita de nuez moscada molida

Caliente el horno a 190 °C. Corte el poro por la mitad a lo largo. Lávelo y córtelo; deje intactos de 5 a 7.5 cm de la parte superior con hojas. Corte las mitades de poro a lo ancho en rebanadas delgadas. Ponga en una cacerola chica; agregue suficiente agua para cubrirlo. Ponga a hervir a fuego alto; reduzca el fuego y deje cocer por 5 minutos. Escúrralo.

En una sartén grande, derrita la mantequilla a fuego medio. Agregue el pollo; fríalo hasta que esté dorado, por unos 5 minutos. Añada la espinaca y el poro; cueza de 1 a 2 minutos más. Retire del fuego.

Distribuya la mezcla de pollo sobre la base para pay. Espolvoree encima la harina y el queso. En un recipiente mediano, mezcle los huevos, la leche con agua, el brandy, la sal, la pimienta y la nuez moscada. Vierta esta mezcla sobre el queso.

Hornee de 35 a 40 minutos o hasta que, al insertar en el centro un cuchillo, éste salga limpio. Deje reposar por 5 minutos antes de servir. Sirva caliente o frío.

Rinde 6 porciones

una mano amiga

EL QUICHÉ ES PERFECTO PARA SERVIRLO COMO ALMUERZO, COMO ENTRADA EN LA COMIDA O COMO BOTANA. SI DECIDE SERVIR EL QUICHÉ COMO PRIMER PLATO, CÓRTELO EN REBANADAS O HAGA QUICHÉS INDIVIDUALES PARA QUE SEA MÁS FÁCIL SERVIRLO.

Rollo de Pollo con Brócoli

- **2 tazas de floretes de brócoli**
- **1 cucharada de agua**
- **¼ de taza de perejil**
- **1 taza de pimiento morrón rojo picado**
- **120 g de queso crema suavizado**
- **2 cucharadas de queso parmesano rallado**
- **2 cucharadas de jugo de limón**
- **2 cucharadas de aceite de oliva**
- **1 cucharadita de pimentón**
- **¼ de cucharadita de sal**
- **1 huevo**
- **½ taza de leche sin grasa**
- **4 tazas de hojuelas de maíz machacadas**
- **1 cucharada de albahaca seca**
- **8 mitades de pechuga de pollo deshuesadas**

1. Ponga el brócoli y el agua en un recipiente para horno de microondas; tápelo y métalo al horno a temperatura ALTA por 2 minutos. Deje reposar, tapado, por 2 minutos. Escurra el agua del brócoli. En un procesador de alimentos o en una licuadora, ponga el brócoli con el perejil; procese por 10 segundos; limpie el costado del recipiente si es necesario. Agregue el pimiento morrón, el queso crema, el queso parmesano, el jugo de limón, el aceite, el pimentón y la sal. Pulse 2 o 3 veces o hasta que el pimiento morrón esté picado.

2. Caliente el horno a 190 °C. Con aceite en aerosol, rocíe un refractario de 28×18 cm. En un recipiente chico, bata un poco el huevo; luego agregue la leche y revuelva bien. En un recipiente bajo ponga las hojuelas de maíz. Agregue la albahaca; revuelva bien.

3. Con el lado plano de un mazo para carne o con un rodillo, aplane las pechugas de pollo entre dos pedazos de plástico hasta que midan .5 cm de grosor. En cada pechuga, distribuya ⅛ de la mezcla de brócoli; extienda hasta 1.5 cm de la orilla. Enrolle las pechugas empezando por el extremo corto; si le es posible, pliegue hacia adentro los costados; afiance con palillos de madera. Remoje los rollos en la mezcla de leche; ruédelos sobre la mezcla de hojuelas de maíz; acomódelos en el refractario que preparó. Hornee durante 20 minutos o hasta que el pollo pierda su color rosado en el centro y el jugo salga claro. Adorne, si lo desea.

Rinde 8 porciones

Rollo de Pollo con Brócoli

Chuletas con Nuez y Pasas

- **½ taza de jugo de naranja**
- **⅓ de taza de vinagre de sidra**
- **6 chuletas de cerdo**
- **1 cucharada de aceite de oliva**
- **¼ de taza de jerez**
- **¼ de taza de uvas pasa doradas**
- **⅓ de taza de nuez**

En un recipiente bajo, mezcle el jugo de naranja con el vinagre; meta a marinar las chuletas por 20 minutos. Saque las chuletas; conserve el líquido. En una sartén grande, dore las chuletas en el aceite caliente; saque de la sartén. Agregue el jerez, las uvas pasa y el líquido que conservó; ponga a hervir hasta que el líquido se reduzca a la mitad. Ponga las chuletas y la nuez en la sartén. Tape y deje cocer a fuego bajo durante 5 minutos o hasta que estén bien cocidas. Sirva las chuletas y báñelas con el jugo de la sartén.

Rinde 6 porciones

Risotto de Espinaca al Horno

- **1 cucharada de aceite de oliva**
- **1 pimiento morrón verde picado**
- **1 cebolla picada**
- **2 dientes de ajo**
- **1 taza de arroz**
- **3 tazas de espinaca**
- **420 ml de consomé de pollo**
- **½ taza de queso parmesano**
- **1 cucharada de salsa verde picante**
- **1 cucharadita de sal**

Caliente el horno a 200 °C. Engrase una cacerola de 1½ litros de capacidad. En una sartén, caliente el aceite a fuego medio. Agregue el pimiento morrón, la cebolla y el ajo; sofría por 5 minutos. Agregue el arroz; revuelva para bañarlo bien. Incorpore la espinaca, el consomé de pollo, ¼ de taza del queso parmesano, la salsa picante y la sal. Distribuya la mezcla en la cacerola que preparó. Espolvoree con el queso parmesano restante. Hornee hasta que el arroz esté suave.

Rinde 4 porciones

una mano amiga

CUANDO PREPARE RISOTTO NO ENJUAGUE EL ARROZ. EL ALMIDÓN DEL ARROZ ES LO QUE HACE QUE EL RISOTTO QUEDE CREMOSO.

Risotto de Espinaca al Horno

Carne de Res con Tallarín

450 g de carne de res, cortada para stroganoff o para sofreír

3 cucharadas de mostaza Dijon

3 cucharadas de salsa de soya

2 paquetes (de 90 g cada uno) de tallarín chino sin cocer

2 cucharadas de aceite vegetal

2 tazas (180 g) de tirabeques (vainas)

1 pimiento morrón rojo mediano cortado en cubos

¾ de taza de jalea de chabacano (albaricoque)

½ taza de consomé de res

3 cucharadas de cebollín picado

2 cucharadas de ajonjolí tostado

1. En una bolsa de plástico mediana, ponga la carne de res, la mostaza y la salsa de soya; mueva para distribuir uniformemente la marinada; refrigere durante 4 horas o por toda una noche.

2. Cueza el tallarín siguiendo las instrucciones de la envoltura; omita los sazonadores que vengan incluidos.

3. En una sartén grande, ponga a calentar el aceite a fuego medio-alto. Agregue la carne junto con la marinada; sofría por 2 minutos. Añada los tirabeques y el pimiento morrón; sofría durante 2 minutos. Ponga el tallarín, la jalea, el consomé, la cebolla y 1 cucharada de ajonjolí. Cueza por 1 minuto o hasta que esté bien caliente. Corone con el ajonjolí restante antes de servir.

Rinde de 4 a 6 porciones

Consejo de Cocina: Tueste las semillas de ajonjolí en una sartén gruesa seca a fuego medio durante 2 minutos o hasta que estén doradas; revuelva con frecuencia.

toque personal

PARA AMBIENTAR SU CENA AL ESTILO ASIÁTICO, COLOQUE UN MANTEL ROJO Y HAGA UN CENTRO DE MESA CON VELAS Y GALLETAS DE LA SUERTE COMO ÚNICO ARREGLO. ¿QUIERE IR UN POCO MÁS ALLÁ? USE PALILLOS CHINOS EN LUGAR DE CUBIERTOS.

Carne de Res con Tallarín

Chuletas de Cerdo con Guarnición

- 6 chuletas de lomo de cerdo (de 2 cm de grueso) sin hueso (unos 675 g)
- ¼ de cucharadita de sal
- ⅛ de cucharadita de pimienta negra
- 1 cucharada de aceite vegetal
- 1 cebolla chica picada
- 2 tallos de apio picados
- 2 manzanas Granny Smith peladas, sin corazón y picadas (unas 2 tazas)
- 420 ml de consomé de pollo
- 1 lata (300 ml) de crema de apio condensada sin diluir
- ¼ de taza de vino blanco seco
- 6 tazas de cubos de pan sazonados con hierbas

Caliente el horno a 190 °C. Con aceite en aerosol, rocíe un refractario de 33×23 cm.

Sazone ambos lados de las chuletas con sal y pimienta. En una sartén grande y profunda, caliente el aceite a fuego medio-alto. Meta las chuletas y fríalas hasta que se doren por ambos lados; voltee una vez. Saque las chuletas de la sartén.

En la sartén ponga la cebolla y el apio. Fríalos por 3 minutos o hasta que la cebolla esté suave. Agregue la manzana; cueza y revuelva por 1 minuto. Vierta el consomé, la crema de apio y el vino; revuelva bien. Deje cocer; retire del fuego. Incorpore los cubos de pan y revuelva hasta que se humedezcan uniformemente.

Coloque la mezcla en el refractario que preparó; distribúyala uniformemente. Ponga las chuletas sobre la guarnición; vierta sobre las chuletas el jugo que se haya acumulado en la sartén.

Cubra ajustadamente con papel de aluminio y hornee de 30 a 40 minutos o hasta que las chuletas estén jugosas y hayan perdido su color rosado en el centro.

Rinde 6 porciones

una mano amiga

CUANDO COMPRE CARNE DE CERDO, ELIJA LA QUE TENGA UN COLOR ROSA PÁLIDO, POCO JASPEADA. CUANTO MÁS OSCURO SEA EL COLOR, MÁS VIEJA ESTARÁ LA CARNE.

Chuleta de Cerdo con Guarnición

platillos informales • platillos informales • platillos informales • platillos informales

Enchiladas de Pollo y Frijol Negro

900 ml de salsa picante

¼ de taza de cilantro picado

2 cucharadas de chile en polvo

1 cucharadita de comino molido

2 tazas (285 g) de pollo cocido deshebrado

1 lata (435 g) de frijol negro, enjuagado y escurrido

1 ⅓ tazas de aros de cebolla fritos

1 bolsa (unos 285 g) de tortillas de harina (de 17 cm de diámetro)

1 taza (120 g) de queso asadero (para fundir) con chile jalapeño

Caliente el horno a 190 °C. Engrase un refractario de 38×25 cm. En una cacerola grande, mezcle la salsa picante, el cilantro, el chile en polvo y el comino. Ponga a hervir; una vez que hierva, reduzca el fuego a bajo; deje cocer por 5 minutos.

En un recipiente mediano, ponga 1½ tazas de la salsa, el pollo, los frijoles y ⅔ de taza de los aros de cebolla. En cada tortilla ponga ½ taza del relleno. Enrolle las tortillas y póngalas, con la unión hacia abajo, en una sola capa en el refractario que preparó. Vierta el resto de la salsa sobre las enchiladas.

Hornee, sin tapar, durante 20 minutos o hasta que estén bien calientes. Espolvoree con los aros de cebolla restantes y el queso. Hornee por 5 minutos o hasta que se funda el queso y estén doradas las cebollas. Sirva de inmediato.

Rinde de 5 a 6 porciones (4 tazas de salsa, 4½ tazas de relleno)

Consejo: Éste es un platillo que puede preparar con anticipación.

Tiempo de Preparación: 45 minutos

Tiempo de Cocción: 25 minutos

Enchiladas de Pollo y Frijol Negro

platillos informales • platillos informales • platillos informales

Brochetas Cocidas

450 g de camarón mediano pelado

225 g de filete de lomo de res, cortado en rebanadas delgadas

225 g de lomo de cordero, cortado en rebanadas delgadas

2 tazas de champiñones rebanados

2 tazas de zanahorias rebanadas

2 tazas de floretes de brócoli

1.600 litros de consomé de pollo

½ taza de vino blanco seco

1 cucharada de perejil picado

1 cucharadita de ajo picado

½ cucharadita de tomillo seco

½ cucharadita de romero seco

1. En un platón grande o en platos individuales, acomode el camarón, la carne de res, la carne de cordero, los champiñones, la zanahoria y el brócoli.

2. En una cacerola grande, mezcle el consomé de pollo, el vino, el perejil, el ajo, el tomillo y el romero. Ponga a hervir a fuego alto. Retire del fuego y cuele el consomé. Vierta el consomé en un wok eléctrico. Vuelva a cocer a fuego alto.

3. En agujas de brocheta de bambú o en tenedores para fondue, ensarte a su gusto el camarón, las carnes y las verduras. Cueza en el consomé de 2 a 3 minutos.

Rinde 4 porciones

Tiempo de Preparación y Cocción: 20 minutos

toque personal

¡HAGA UNA COMIDA CON FONDUES! COMIENCE CON UNA FONDUE DE QUESO COMO ENTREMÉS. UTILICE DIFERENTES PANES PARA REMOJAR. COMO POSTRE, PREPARE UNA FONDUE DE CHOCOLATE Y CREMA O UNA CREMA DE CARAMELO HELADA, Y QUE SUS INVITADOS SUMERJAN TROZOS DE PANQUÉ O DE FRUTA.

Brochetas Cocidas

platillos informales • platillos informales • platillos informales • platillos informales

Chuletas Glaseadas de Cerdo y Manzana

6 chuletas de cerdo, sin hueso

1 taza de caldo de res

¼ de taza de vinagre de sidra

¼ de taza compacta de azúcar morena

1⅓ tazas de aros de cebolla

2 manzanas, cortadas en rebanadas de 1.5 cm

1. Sazone las chuletas con sal y pimienta al gusto. Sobre una hoja de papel encerado, ponga ¼ de taza de harina y cubra las chuletas; sacuda el exceso. En una sartén grande con recubrimiento antiadherente, caliente 1 cucharada de aceite. Cueza las chuletas por 10 minutos o hasta que estén bien doradas por ambos lados. Retírelas del fuego.

2. En la sartén ponga el caldo, el vinagre, el azúcar y ⅔ de taza de los aros de cebolla. Caliente hasta que hierva; revuelva con frecuencia. Regrese las chuletas a la sartén y reduzca el fuego a medio-bajo. Cueza, tapado, por 10 minutos o hasta que la carne pierda su color rosado cerca del hueso y la salsa se espese un poco; revuelva de vez en cuando. Incorpore la manzana; cueza durante 2 minutos.

3. Incorpore los aros de cebolla restantes. Sirva con arroz o puré de papa, si lo desea. *Rinde 6 porciones*

Tortellini Carbonara

1 bolsa (435 g) de tortellini de queso

1 bolsa (285 g) de floretes de brócoli

1 frasco (450 g) de salsa para pasta tipo parmesana

½ taza de rajas de pimiento rojo asado escurridas

120 g de tocino frito

En una olla de 3 litros de capacidad, cueza el tortellini siguiendo las instrucciones de la envoltura. Durante los 2 últimos minutos de cocción, agregue el brócoli; escúrralo y regréselo a la olla. Incorpore la salsa para pasta y el pimiento. Sirva en platos extendidos y espolvoree encima el tocino desmenuzado. Si lo desea, espolvoree con queso parmesano. *Rinde 4 porciones*

Pollo y Verduras Asados sobre Arroz Salvaje

1.500 kg de piezas de pollo

¾ de taza de aderezo de vinagreta con aceite de oliva

1 cucharada de margarina derretida

180 g de mezcla de arroz de grano largo y arroz salvaje

400 ml de consomé de pollo

1 berenjena en trozos de 2.5 cm

2 papas (patatas) rojas en trozos de 2.5 cm

1 calabaza amarilla en trozos de 2.5 cm

1 calabacita en trozos de 2.5 cm

1 cebolla morada en rebanadas

120 g de queso feta con albahaca, desmenuzado

Cilantro fresco picado (opcional)

Quítele la piel al pollo y deséchela. En una bolsa grande de plástico, meta el pollo y ½ taza de aderezo; cierre la bolsa y gírela para bañarlo. Refrigere durante 30 minutos o por toda una noche.

Caliente el horno a 190 °C. Unte con margarina un refractario de 33×23 cm.

Ponga el arroz y el sobre del sazonador (si el paquete lo contiene) en el refractario; vierta el consomé. En un recipiente grande, ponga la berenjena, la papa, la calabaza amarilla, la calabacita y la cebolla; revuelva. Acomode sobre la mezcla de arroz.

Saque el pollo de la bolsa y colóquelo sobre las verduras; deseche el líquido. Vierta el aderezo restante sobre el pollo.

Hornee, sin tapar, por 45 minutos. Saque del horno y espolvoree encima el queso. Hornee de 5 a 10 minutos más o hasta que el pollo pierda su color rosado en el centro; el jugo debe estar claro, y el queso, fundido. Si lo desea, espolvoree encima el cilantro.

Rinde de 4 a 6 porciones

una mano amiga

¡Haga cambios! En lugar de usar el aderezo de vinagreta con aceite de oliva, pruebe con vinagreta de vino tinto o, incluso, vinagreta de frambuesa.

Manicotti Relleno de Queso

3 tazas de queso ricotta

1 taza de queso parmesano rallado

2 huevos ligeramente batidos

2½ cucharadas de perejil picado

1 cucharadita de sazonador italiano en polvo

½ cucharadita de ajo en polvo

½ cucharadita de sal

½ cucharadita de pimienta negra

450 g de salchicha italiana condimentada

1 lata (785 g) de puré de tomate

1 frasco (730 g) de salsa marinara o para espagueti

225 g de pasta manicotti sin cocer

Caliente el horno a 190 °C. Con aceite en aerosol, rocíe un refractario de 33×23 cm.

En un recipiente mediano, mezcle el queso ricotta, ¾ de taza de queso parmesano, los huevos, el perejil, el sazonador italiano, el ajo en polvo, la sal y la pimienta.

En una sartén grande, desmenuce la salchicha; dórela a fuego medio-alto hasta que pierda su color rosado; revuelva para separar los pedazos. Escurra la salchicha sobre toallas de papel; deseche la grasa de la sartén.

Agregue a la sartén el puré de tomate y la salsa marinara; deje que hierva a fuego alto. Reduzca el fuego a bajo; deje cocer, sin tapar, por 10 minutos. Vierta alrededor de una tercera parte de la salsa en el refractario que preparó.

Rellene la pasta con ½ taza, aproximadamente, de la mezcla de queso. Ponga en el refractario. Corone la pasta con la salchicha; vierta encima el resto de la salsa.

Cubra el refractario ajustadamente con papel de aluminio y hornee de 50 minutos a 1 hora o hasta que se cueza la pasta. Deje reposar durante 5 minutos antes de servir. Sirva con el queso parmesano restante. *Rinde 8 porciones*

Manicotti Relleno de Queso

Pimientos Rellenos

- **3 pimientos morrones, de cualquier color, sin semillas y cortados por la mitad a lo largo**
- **1½ tazas de tomate rojo fresco picado**
- **1 cucharada de cilantro fresco picado**
- **1 chile jalapeño sin semillas y picado**
- **1 diente de ajo finamente picado**
- **½ cucharadita de orégano seco**
- **¼ de cucharadita de comino molido**
- **225 g de carne molida de res, magra**
- **1 taza de arroz integral cocido**
- **¼ de taza de sustituto de huevo sin colesterol o 2 claras de huevo**
- **2 cucharadas de cebolla picada**
- **¼ de cucharadita de sal**
- **⅛ de cucharadita de pimienta negra**

1. Caliente el horno a 180 °C.

2. En una vaporera grande, coloque la charola interior; vierta un fondo de 2.5 cm de agua; tenga cuidado de que el agua no toque la base de la charola. Ponga los pimientos morrones en la charola; tape y hierva; reduzca el fuego a medio. Cueza al vapor los pimientos de 8 a 10 minutos o hasta que estén suaves; agregue más agua si es necesario; escúrralos.

3. En un recipiente chico, mezcle el tomate, el cilantro, el chile jalapeño, el ajo, ¼ de cucharadita de orégano y el comino.

4. En un recipiente grande, mezcle muy bien la carne de res, el arroz, el sustituto de huevo, la cebolla, el orégano restante, la sal y la pimienta negra. Incorpore 1 taza de la salsa de tomate a la mezcla de carne. Sirva el relleno equitativamente en las mitades de pimiento; ponga en un refractario de 33×23 cm; cúbralo ajustadamente con papel de aluminio.

5. Hornee durante 45 minutos o hasta que la carne esté dorada y las verduras estén suaves. Sirva con la salsa de tomate restante, si lo desea.

Rinde 6 porciones

una mano amiga

El pimiento morrón tiene una gran variedad de colores: de los tradicionales verde o rojo a otros más exóticos, como el naranja, el amarillo; incluso hay morado y blanco. Búsquelos en el mercado de su preferencia en los colores que más le gusten.

Pimientos Rellenos

Pollo Hindú con Arroz Salvaje

½ cucharadita de sal

½ cucharadita de comino molido

½ cucharadita de pimienta negra

¼ de cucharadita de canela molida

¼ de cucharadita de cúrcuma molida

4 mitades de pechugas de pollo, sin piel y deshuesadas

2 cucharadas de aceite de oliva

2 zanahorias rebanadas

1 pimiento morrón rojo picado

1 tallo de apio picado

2 dientes de ajo picados

1 bolsa (180 g) de mezcla de arroz de grano largo y arroz salvaje

2 tazas de consomé de pollo

1 taza de uvas pasa

¼ de taza de almendra

En un recipiente chico, ponga la sal, el comino, la pimienta negra, la canela y la cúrcuma; revuelva. Frote ambos lados del pollo con esta mezcla. Ponga el pollo sobre un plato; tápelo y refrigérelo durante 30 minutos.

Caliente el horno a 180 °C. Con aceite en aerosol, rocíe un refractario de 33×23 cm.

En una sartén grande, caliente el aceite a fuego medio-alto. Agregue el pollo; fríalo durante 2 minutos por lado o hasta que se dore. Retire el pollo del fuego.

En la misma sartén, ponga la zanahoria, el pimiento morrón, el apio y el ajo; sofríalos por 2 minutos. Añada el arroz; cueza durante 5 minutos; revuelva con frecuencia. Ponga el sobre de sazonador de la mezcla de arroz y el consomé; ponga a hervir a fuego alto. Retire del fuego; incorpore las uvas pasa. Coloque en el refractario que preparó; acomode el pollo sobre la mezcla de arroz. Espolvoree encima las almendras rebanadas.

Cubra ajustadamente con papel de aluminio y hornee durante 35 minutos o hasta que el pollo pierda su color rosado en el centro y el arroz esté suave. *Rinde 4 porciones*

Pollo Hindú con Arroz Salvaje

Tamal de Carne Molida

1 cucharada de aceite de oliva o aceite vegetal

1 cebolla chica picada

450 g de carne molida de res

1 cucharadita de cebolla en polvo

1 lata (420 g) de tomate rojo estofado sin escurrir

½ taza de agua

1 lata (430 a 540 g) de frijol bayo, enjuagado y escurrido

1 caja (240 g) de harina para pan de maíz

• Caliente el horno a 200 °C.

• En una sartén de 30 cm de diámetro, caliente el aceite a fuego medio y fría la cebolla, revolviendo de vez en cuando, durante 3 minutos o hasta que esté suave. Incorpore la carne molida y fríala hasta que esté dorada.

• Añada la cebolla en polvo mezclada con el tomate rojo y el agua. Ponga a hervir a fuego alto; revuelva con una cuchara y machaque el tomate. Reduzca el fuego a bajo y agregue el frijol. Deje cocer, sin tapar, durante 10 minutos; revuelva de vez en cuando. Vierta en una cacerola de 2 litros de capacidad.

• Prepare la masa para pan de maíz siguiendo las instrucciones de la caja. Vierta uniformemente en la cacerola.

• Hornee, sin tapar, por 15 minutos o hasta que la masa de maíz esté dorada y el relleno esté caliente. *Rinde unas 6 porciones*

toque personal

¡FIESTA! ES RELATIVAMENTE FÁCIL HACER UNA FIESTA MEXICANA. PONGA BOTANEROS CON TOTOPOS Y SALSA O GUACAMOLE PARA OFRECER A SUS INVITADOS. OTRAS BOTANAS FÁCILES DE PREPARAR SON LAS QUESADILLAS Y EL PAN DE MAÍZ CON MANTEQUILLA Y MIEL.

Tamal de Carne Molida

Pollo con Salsa de Mostaza y Fruta

½ taza de mostaza Dijon
½ taza de mostaza alemana
1 cucharada de mostaza china
⅓ de taza de miel
⅓ de taza de crema ligera
4 mitades de pechuga de pollo, sin piel y deshuesadas
½ cucharadita de sal
¼ de cucharadita de pimienta negra
2 cucharadas de mantequilla
1 taza de perlas de melón valenciano (Honeydew)
1 taza de perlas de melón chino (morcado)
4 kiwis pelados y rebanados
¼ de taza de mayonesa
Ramas de menta para adornar

1. En un recipiente mediano, mezcle las mostazas, la miel y la crema. Vierta la mitad de la salsa en un recipiente grande de vidrio. Conserve el resto en el recipiente mediano.

2. Sazone el pollo con sal y pimienta; póngalo en el recipiente de vidrio con la salsa de mostaza; báñelo con la salsa. Tape y marine en el refrigerador durante 30 minutos.

3. En una sartén grande, caliente la mantequilla a fuego medio hasta que esté espumosa. Saque el pollo de la salsa de mostaza; quite el exceso. Coloque en la sartén en una sola capa. Cueza por 10 minutos o hasta que el pollo esté dorado y pierda su color rosado en el centro; voltéelo una vez. Saque el pollo y córtelo, a través de la fibra, en rebanadas delgadas.

4. En platos extendidos, acomode el pollo, las perlas de melón y las rebanadas de kiwi.

5. En una cacerola chica, ponga la salsa de mostaza que apartó. Mézclela con la mayonesa. Caliente bien a fuego medio. Bañe el pollo con la salsa de mostaza. Adorne, si lo desea. Ponga el resto de la salsa en un recipiente sobre la mesa. *Rinde 4 porciones*

Pollo con Salsa de Mostaza y Fruta

Lasaña Primavera

- **1 caja (225 g) de tiras de lasaña**
- **3 zanahorias cortadas en rebanadas de .5 cm de ancho**
- **1 taza de floretes de brócoli**
- **1 taza de calabacita cortada en rebanadas de .5 cm de ancho**
- **1 calabaza criolla cortada en rebanadas de .5 cm de ancho**
- **2 bolsas (285 g) de espinaca picada descongelada**
- **225 g de queso ricotta**
- **1 frasco (730 g) de salsa marinara con champiñones**
- **3 tazas (360 g) de queso mozzarella rallado**
- **½ taza (60 g) de queso parmesano rallado**

En una olla de 6 litros de capacidad, ponga a hervir 3 litros de agua a fuego alto. Meta las tiras de lasaña y cuézalas por 5 minutos. Agregue la zanahoria; cueza durante 2 minutos más. Añada el brócoli, las calabazas y cueza por 2 minutos más o hasta que la pasta esté suave; escúrrala bien.

Exprima la espinaca. Mézclela con el queso ricotta. En un refractario rectangular de 3 litros de capacidad, vierta ⅓ de la salsa marinara con champiñones. Ponga una capa de tiras de lasaña; acomode encima la mitad de las verduras, de la mezcla de espinaca y del queso mozarrella; corone con la mitad de la salsa restante. Repita las capas; espolvoree encima el queso parmesano.

Forre una charola de 38×25 cm con papel de aluminio y ponga encima el refractario. Hornee a 200 °C, sin tapar, durante unos 30 minutos o hasta que esté caliente en el centro. Deje reposar por 10 minutos antes de servir. (Puede preparar la lasaña hasta 2 días antes de hornearla; refrigérela, tapada, hasta 1 hora antes de hornearla. Si está fría, hornéela durante 1 hora a 180 °C.)

Rinde 8 porciones

una mano amiga

EL SECRETO DE UNA GRAN LASAÑA QUE NO NOS SUBA DE PESO, ES NO EXAGERAR CON LA CANTIDAD DE PASTA. TRATE DE QUE LAS TIRAS NO SE TRASLAPEN Y RECORTE LOS SOBRANTES.

Lasaña Primavera

Ensalada Tailandesa de Pollo y Fettuccine

- **3 mitades de pechugas de pollo, sin piel y deshuesadas**
- **180 g de fettuccine**
- **1 taza de salsa**
- **¼ de taza de crema de cacahuate (maní) con trozos**
- **2 cucharadas de miel**
- **2 cucharadas de jugo de naranja**
- **1 cucharadita de salsa de soya**
- **½ cucharadita de jengibre molido**
- **2 cucharadas de aceite vegetal**
- **Hojas de lechuga o col (opcional)**
- **¼ de taza de cilantro picado**
- **¼ de taza de mitades de cacahuate (maní)**
- **¼ de taza de rajas de pimiento morrón rojo, cortadas por la mitad**

1. Corte el pollo en trozos de 2.5 cm.
2. Cueza la pasta siguiendo las instrucciones de la envoltura; escúrrala.
3. Mientras la pasta se está cociendo, mezcle en una cacerola chica 1 taza de salsa, la crema de cacahuate, la miel, el jugo de naranja, la salsa de soya y el jengibre. Cueza a fuego bajo y revuelva hasta que se incorporen. Reserve ¼ de taza de la salsa.
4. En un recipiente grande ponga la pasta; vierta encima la salsa; revuelva con suavidad para bañarla.
5. En una sartén grande, caliente el aceite a fuego medio-alto. Fría el pollo durante unos 5 minutos hasta que esté dorado y pierda su color rosado en el centro.
6. Agregue la salsa que reservó; revuelva bien.
7. Acomode la lechuga en platos extendidos y coloque encima la pasta. Ponga la mezcla de pollo sobre la pasta. Corone con el cilantro, las mitades de cacahuate y las rajas de pimiento.
8. Refrigere para enfriar. Sirva con más salsa. Adorne, si lo desea.

Rinde 4 porciones

Ensalada Tailandesa de Pollo y Fettuccine

platillos informales • platillos informales • platillos informales • platillos informales

Ensalada Verde con Pera y Nuez

¼ de taza de mayonesa baja en grasa
¼ de taza de crema agria baja en grasa
¾ de cucharada de vinagre balsámico
1 cucharada de aceite de oliva
1 cucharada de cebolla finamente picada
⅛ de cucharadita de pimienta negra
Sal al gusto
1 bolsa (285 g) de lechugas mixtas
2 peras maduras, sin corazón y en rebanadas delgadas
1 taza (120 g) de queso suizo finamente rallado
½ taza de nueces tostadas
Granos de granada (opcional)

En un recipiente chico, mezcle la mayonesa con la crema agria, el vinagre, el aceite, la cebolla, la pimienta y la sal; revuelva bien.

En cuatro platos extendidos, acomode las hojas de lechuga; acomode las rebanadas de pera en la orilla del plato. Espolvoree encima el queso y las nueces; bañe uniformemente la ensalada con el aderezo uniformemente. Adorne con la granada, si lo desea.

Rinde 4 porciones

una mano amiga

ESTA ENSALDA ESTÁ DE MODA EN RESTAURANTES EXCLUSIVOS, PERO USTED PUEDE PREPARARLA CON FACILIDAD EN CASA. TAMBIÉN PUEDE EMPLEAR MANZANA O UVAS Y QUESO FETA O BRIE. INCLUSO PUEDE SUSTITUIR LAS NUECES CON ALMENDRAS RALLADAS O SEMILLAS DE GIRASOL.

Ensalada Verde con Pera y Nuez

Ensalada César con Pollo

1 pechuga de pollo cortada en fajitas
¼ de taza de aderezo César para ensalada
½ cucharadita de ajo picado
6 tazas de lechuga romana en trozos
1 tomate rojo grande, en rebanadas
1½ tazas de croutones (trozos de pan tostado)
½ taza de queso parmesano rallado
Filetes de anchoa

En una sartén grande, ponga el pollo, el aderezo para ensalada y el ajo. Cueza a fuego medio-alto de 4 a 5 minutos o hasta que el pollo pierda su color rosado en el centro; voltee con frecuencia para que se dore uniformemente. Acomode la lechuga en 4 platos extendidos. Corone con el tomate rojo y los croutones. Coloque el pollo sobre la lechuga. Espolvoree con el queso parmesano; corone con los filetes de anchoa. Sirva con aderezo adicional.

Rinde 4 porciones

Tiempo de Preparación: 15 minutos

Crema de Espárragos

1 lata (300 ml) de crema de espárragos condensada
2 cucharadas de leche
675 g de espárragos cortados en trozos

1. En una cacerola mediana mezcle la crema con la leche. A fuego medio, caliente hasta que hierva; revuelva de vez en cuando.

2. Agregue los espárragos. Reduzca el fuego a bajo; tape y deje cocer por 10 minutos o hasta que los espárragos estén suaves; revuelva de vez en cuando.

Rinde 6 porciones

Ensalada César con Pollo

Tomates Rellenos

- **3 tomates rojos, sin corazón**
- **Sal**
- **2 cucharadas de aceite de oliva**
- **450 g de salchicha italiana**
- **1 taza de pimiento morrón verde picado**
- **½ cebolla mediana finamente picada**
- **2 dientes de ajo picados**
- **½ taza de leche caliente**
- **1 taza de pan molido**
- **1 huevo batido**
- **4 cucharadas de perejil**
- **1 cucharadita de albahaca seca**
- **1 cucharadita de orégano seco**
- **Pimienta negra al gusto**
- **1 taza de queso mozzarella rallado**
- **¼ de taza de queso parmesano rallado**

Ponga los tomates con el lado descorazonado hacia arriba y córtelos horizontalmente por la mitad; quíteles las semillas. Sazónelos por dentro con un poco de sal para ayudar a eliminar la humedad. Ponga las mitades, con el lado cortado hacia abajo, sobre toallas de papel para que escurran, durante unos 15 minutos.

Caliente el horno a 180 °C. Engrase un refractario con 1 cucharada de aceite de oliva. En una sartén grande, caliente el aceite de oliva restante a fuego medio. Coloque allí las mitades de tomate y cuézalas por 4 minutos de cada lado. Saque los tomates de la sartén y póngalos, con el lado cortado hacia arriba, en el refractario que preparó. Desmenuce la salchicha en la misma sartén. Añada el pimiento morrón, la cebolla y el ajo; cueza hasta que la salchicha esté dorada y la cebolla esté suave. Con una espumadera, pase la mezcla de salchicha a un recipiente mediano. Incorpore la leche y el pan molido; deje enfriar un poco. Incorpore el huevo, 2 cucharadas de perejil, la albahaca y el orégano. Sazone con sal y pimienta al gusto. Divida la mezcla equitativamente entre las mitades de tomate y hornee durante 10 minutos. Saque del horno; espolvoree con el queso mozzarella. Corone con el queso parmesano. Ponga los tomates en un asador hasta que el queso se derrita y se dore. Adorne con el perejil restante; sirva calientes. Refrigere los sobrantes.

Rinde 6 porciones de guarnición

Tomates Rellenos

Couscous Estilo Sudoeste

½ taza de cebollín picado

2 cucharadas de margarina

400 ml de consomé de pollo

1 lata (420 g) de tomate rojo estofado

1 cucharadita de comino molido

1 cucharadita de chile en polvo

1 bolsa (285 g) de couscous

1 lata (430 g) de frijol negro, enjuagado y escurrido

½ taza de queso cheddar rallado (60 g)

1. En una cacerola a fuego medio, ponga la margarina y fría ⅓ de taza del cebollín hasta que esté suave. Incorpore el consomé, el tomate, el comino y el chile en polvo. Deje calentar hasta que hierva; retire del fuego.

2. Incorpore el couscous y el frijol. Tape; deje reposar por 5 minutos. Revuelva el couscous para que se esponje. Pase el couscous a un platón hondo; espolvoree con el queso y el resto del cebollín. Sirva caliente.

Rinde 6 porciones

Tiempo de Preparación: 20 minutos

Tiempo de Cocción: 10 minutos

Tiempo Total: 30 minutos

toque personal

ESTE PLATILLO ES PERFECTO PARA ACOMPAÑAR TAPAS. SÍRVALO JUNTO CON UN PLATO DE POLLO ASADO, CORTADO EN TROZOS DE UN BOCADO, VERDURAS MARINADAS A LA PARRILLA Y OTROS BOCADILLOS. LA VARIEDAD Y LOS ALIMENTOS FÁCILES DE SERVIR HACEN DE LOS MENÚS CON TAPAS UNA EXCELENTE OPCIÓN PARA SUS FIESTAS.

Brócoli con Tomate a la Italiana

4 tazas de floretes de brócoli
½ taza de agua
½ cucharadita de sazonador italiano
½ cucharadita de hojuelas de perejil
⅛ de cucharadita de pimienta
2 tomates rojos, en rebanadas
½ taza de queso mozzarella rallado

En una cacerola para horno de microondas de 2 litros de capacidad, ponga el brócoli y el agua; tape. Cueza a temperatura ALTA (100%) de 5 a 8 minutos o hasta que el brócoli esté suave. Escurra y espolvoree con el sazonador italiano, el perejil, la pimienta y el tomate. Vuelva a hornear, sin tapar, a temperatura ALTA (100%) de 2 a 4 minutos o hasta que los tomates estén calientes. Espolvoree con el queso. Meta al horno por 1 minuto más o hasta que el queso esté fundido. *Rinde 6 porciones*

Coliflor al Limón

¼ de taza de perejil
½ cucharadita de ralladura de cáscara de limón
6 tazas de floretes de coliflor
1 cucharada de margarina
3 dientes de ajo picados
2 cucharadas de jugo de limón
¼ de taza de queso parmesano rallado

1. En una cacerola grande, ponga 1 cucharada de perejil, la cáscara de limón y más o menos 2.5 cm de agua. Coloque la coliflor en la charola de la vaporera dentro de la cacerola. Hierva a fuego medio. Tape y cueza al vapor de 14 a 16 minutos o hasta que la coliflor esté suave. Pase a un recipiente grande; mantenga caliente. Reserve ½ taza del líquido caliente.

2. En una cacerola chica, caliente la margarina a fuego medio. Agregue el ajo; fríalo de 2 a 3 minutos o hasta que esté suave. Incorpore el jugo de limón y el líquido que reservó.

3. Vierta la salsa de limón sobre la coliflor. Antes de servir, espolvoree la coliflor con el perejil restante y el queso. Adorne con rebanadas de limón, si lo desea. *Rinde 6 porciones*

Calabacitas con Tomate al Horno

450 g de berenjena picada

2 tazas de calabacitas en rebanadas delgadas

2 tazas de champiñones frescos rebanados

2 cucharaditas de aceite de oliva

½ taza de cebolla picada

½ taza de hinojo picado

2 dientes de ajo picados

420 g de tomate rojo

1 cucharada de puré de tomate sin sal

2 cucharaditas de albahaca seca

1 cucharadita de azúcar

1. Caliente el horno a 180 °C. En un refractario cuadrado de 23 cm, acomode la berenjena, la calabacita y el champiñón.

2. En una sartén chica, caliente el aceite a fuego medio. Fría la cebolla, el hinojo y el ajo de 3 a 4 minutos o hasta que la cebolla esté suave. Agregue el tomate, el puré de tomate, la albahaca y el azúcar. Cueza, revolviendo, durante unos 4 minutos o hasta que la salsa se espese.

3. Vierta la salsa sobre la mezcla de berenjena. Tape y hornee por 30 minutos. Deje enfriar un poco antes de servir. Adorne, si lo desea.

Rinde 6 porciones

una mano amiga

El hinojo es una verdura bulbosa parecida al apio, con un suave y dulce sabor a anís. La parte superior con hojas es perfecta como un aromático adorno.

Calabacitas con Tomate al Horno

Ensalada de Frijol Negro y Piña

- **1 piña fresca**
- **1 lata (de 400 a 450 g) de frijol negro, enjuagado y escurrido**
- **1½ tazas de arroz integral cocido**
- **1½ tazas de pechuga de pollo, cocida y deshebrada**
- **1 pimiento morrón rojo, amarillo o verde mediano, picado**
- **½ taza de apio picado**
- **½ taza de cebollín picado**
- **½ taza de aderezo de mostaza y miel para ensalada, sin grasa o light**
- **Hojas de maíz para tamal lavadas y secas**
- **Chiles para adornar**

Quítele las hojas a la piña y córtela a lo largo en cuartos. Retire la cáscara y el corazón, y córtela en trozos. Mida 2 tazas de fruta para hacer la receta; tape y refrigere el resto.

En una ensaladera grande, mezcle la piña, los frijoles, el arroz, el pollo, el pimiento morrón, el apio y el cebollín. Vierta el aderezo sobre la ensalada; revuelva para bañarla uniformemente. Sirva en las hojas para tamal y adorne con los chiles, si lo desea.

Rinde 8 porciones

Tiempo de Preparación: 30 minutos

una mano amiga

CUANDO PREPARE ESTA RECETA TAMBIÉN PUEDE HACER UNA GUARNICIÓN FÁCIL. LE RECOMENDAMOS ASAR A LA PARRILLA ALGUNOS ELOTES; SUS INVITADOS LOS DISFRUTARÁN.

Ensalada de Frijol Negro y Piña

Verduras Marinadas

- **2 tazas de floretes de brócoli**
- **2 tazas de floretes de coliflor**
- **225 g de ejotes (judías verdes), en trozos**
- **2 tazas de zanahoria rebanada diagonalmente**
- **1 taza de tomates cherry cortados por la mitad**
- **½ taza de cebolla morada picada**
- **⅓ de taza de mostaza**
- **⅓ de taza de aceite de oliva**
- **¼ de taza de vinagre de vino tinto**
- **1 cucharadita de azúcar**
- **1 cucharadita de orégano seco**
- **¼ de cucharadita de pimienta negra molida**
- **⅓ de taza de rebanadas de tomate rojo deshidratado, en aceite**

En una olla grande, cueza al vapor el brócoli, la coliflor, los ejotes y la zanahoria hasta que estén suaves. Enjuague las verduras en agua fría y escúrralas bien; póngalas en una ensaladera grande. Incorpore el tomate cherry y la cebolla.

Bata la mostaza, el aceite, el vinagre, el azúcar, el orégano y la pimienta en un recipiente chico; incorpore el tomate rojo deshidratado. Vierta el aderezo sobre las verduras; revuelva bien para bañarlas. Antes de servir, refrigere durante 2 horas por lo menos; revuelva de vez en cuando. Adorne, si lo desea.

Rinde 6 porciones

una mano amiga

¡INICIE LA FIESTA! SIRVA LAS VERDURAS MARINADAS EN UN TAZÓN GRANDE CON PALILLOS PARA QUE SUS INVITADOS DISFRUTEN MIENTRAS TERMINA DE PREPARAR LA CENA.

Verduras Marinadas

Ensalada de Espinaca y Mandarina

- **1 cucharada de aceite**
- **225 g de espinaca fresca**
- **1 taza de germinado de soya**
- **1 lata (315 g) de gajos de mandarina**
- **2 cucharadas de salsa de soya**
- **2 cucharadas de jugo de naranja**
- **Cuartos de rebanadas de naranja para adornar**

En un wok o en una sartén grande, caliente el aceite a fuego medio-alto. Para sofreír la espinaca, pásela rápidamente por el wok junto con el germinado de soya y los gajos de mandarina. Sofría por 1 o 2 minutos, justo hasta que la espinaca se marchite. Pase todo a un platón. Caliente la salsa de soya y el jugo de naranja en el wok; vierta sobre la espinaca y revuelva un poco para bañar la ensalada. Adorne, si lo desea. Sirva de inmediato.

Rinde 4 porciones de guarnición

Arroz con Brócoli al Limón

- **290 ml de consomé de pollo**
- **1 taza de floretes chicos de brócoli**
- **1 zanahoria chica rallada**
- **1¼ tazas de arroz de cocción rápida, sin cocer**
- **2 cucharadas de jugo de limón**
- **Pizca de pimienta**

1. En una cacerola mediana, a fuego alto, caliente el consomé hasta que hierva. Agregue el brócoli y la zanahoria. Reduzca el fuego a bajo; tape y deje cocer por 5 minutos o hasta que las verduras estén suaves.

2. Incorpore el arroz, el jugo de limón y la pimienta. Tape y retire del fuego. Deje reposar por 5 minutos y después revuelva con un tenedor para que esponje.

Rinde 4 porciones

Ensalada de Espinaca y Mandarina

platillos informales • platillos informales • platillos informales • platillos informales

platillos informales • platillos informales • platillos informales • platillos informales

fiestas en el jardín

ideas para menú

PICNIC EN EL PARQUE

Hamburguesas de Pavo con Jalapeño a la Parrilla (página 156)

Ensalada con Pasta (página 178)

Ensalada de Manzana con Chocolates (página 188)

Galletas de Avena con Doble Chocolate (página 324)

ideas para menú

CENA EN LA PLAYA

Bloody Mary Clásico (página 26)

Tortitas de Cangrejo (página 22)

Brochetas de Mariscos (página 152)

Ensalada de Col con Jalapeño (página 170)

ideas para menú

FIESTA NACIONAL

Salchichas con Tocino (página 144)

Ensalada de Papa y Estragón (página 177)

Elotes Sazonados con Hierbas (página 166)

Petardos (página 284)

Salchichas con Tocino (página 144)

fiestas en el jardín • fiestas en el jardín • fiestas en el jardín • fiestas en el jardín

fiestas en el jardín • fiestas en el jardín • fiestas en el jardín • fiestas en el jardín

Brochetas de Cordero Marinado

675 g de pierna de cordero deshuesada, cortada en cubos

¼ de taza de aceite de oliva

2 cucharadas de jugo de limón

4 dientes de ajo picados

2 cucharadas de orégano fresco picado

½ cucharadita de sal

½ cucharadita de pimienta negra

1 pimiento morrón rojo o amarillo, cortado en trozos

1 calabacita chica cortada en trozos

1 calabaza amarilla cortada en trozos

1 cebolla morada cortada en rebanadas

225 g de champiñones botón, sin tallo

Ramas de orégano fresco para adornar

1. Ponga la carne de cordero en una bolsa grande de plástico. En una taza medidora de vidrio, mezcle el aceite, el jugo de limón, el ajo, el orégano picado, la sal y la pimienta negra; revuelva bien y vierta en la bolsa; cierre la bolsa y sacúdala para bañar la carne. Marine el cordero en el refrigerador de 1 a 4 horas; gírela una vez.

2. Prepare el asador para asar a fuego directo.

3. Escurra el cordero; conserve la marinada. En 12 agujas de metal para brocheta (de 25 cm de largo)* ensarte alternadamente el cordero, el pimiento morrón, la calabacita, la calabaza amarilla, la cebolla y el champiñón; con la marinada restante, barnice ambos lados de las brochetas.

4. Ponga las brochetas sobre la parrilla. Con el asador tapado, ase por 6 minutos, con el carbón a temperatura media-caliente. Gire las brochetas y continúe asando, tapado, de 5 a 7 minutos para término medio o hasta alcanzar el término deseado. Adorne, si lo desea. Sirva caliente.

Rinde 6 porciones (de 2 brochetas cada una)

**Si utiliza agujas de bambú para brocheta, remójelas en agua fría de 10 a 15 minutos antes de usarlas para evitar que se quemen.*

Brochetas de Cordero Marinado

Costillas de Res Condimentadas

1 taza de salsa catsup

½ taza de agua

1 cebolla mediana picada

2 cucharadas de jugo de limón recién exprimido

1 cucharadita de salsa picante

½ a 1 cucharadita de pimienta roja machacada

2.500 kg de costillar de res, cortado en secciones de 3 a 4 costillas

En una cacerola chica, mezcle la salsa catsup, el agua, la cebolla, el jugo de limón, la salsa picante y la pimienta roja. Ponga a hervir. Baje el fuego y deje cocer, sin tapar, de 10 a 12 minutos; revuelva de vez en cuando; conserve caliente la salsa. Prepare el asador para cocer a fuego indirecto.* Ponga las costillas centradas sobre la parrilla, con la carne hacia arriba y sobre el colector de grasa. Tape; ase las costillas de 45 a 60 minutos o hasta que estén suaves; voltéelas de vez en cuando. Barnice las costillas con la salsa y continúe asándolas, tapado, por 10 minutos más.

Rinde de 5 a 6 porciones

**Para preparar el asador para asar a fuego indirecto, ponga cantidades iguales de carbón en cada lado del asador. En el centro, entre las brasas, coloque un colector de grasa de papel de aluminio grueso. El carbón está listo cuando está cubierto de ceniza, aproximadamente a los 30 minutos de haberlo encendido. Cerciórese de que el carbón se consuma parejo en ambos lados.*

Instrucciones para Asar sin Tapar: Ponga las costillas, con la carne hacia abajo, en el centro de un rectángulo de papel de aluminio grueso. Rocíe las costillas con 2 cucharadas de agua y envuélvalas de la siguiente manera: junte sobre las costillas dos lados opuestos del rectángulo de aluminio; doble las orillas de 3 a 4 veces, apretando cada doblez. (Deje un espacio para que entre aire.) En ambos extremos, aplane el papel de aluminio; pliegue para formar un triángulo y doble cada extremo sobre sí varias veces hacia el envoltorio, presionando ajustadamente para sellar. Ponga los envoltorios en la parrilla sobre el carbón encendido a temperatura de baja o media. Ase por 2 horas o hasta que la carne esté suave; voltee los envoltorios cada media hora. Saque las costillas de los envoltorios y póngalas sobre la parrilla. Continúe asando de 10 a 20 minutos más; voltee una vez. Barnice las costillas con la salsa; continúe asando durante 10 minutos más.

Tiempo de Preparación: 15 minutos

Tiempo de Cocción: de 55 minutos a 1 hora 15 minutos

Costillas de Res Condimentadas

Postas de Atún con Salsa Criolla de Camarón

4 cucharadas de aceite de oliva

1 cebolla morada mediana picada

1 pimiento morrón rojo o amarillo, sin semillas y picado

2 tallos de apio rebanados

2 dientes de ajo picados

420 g de tomates rojos estofados

¼ de taza de salsa picante

¼ de taza de puré de tomate rojo

½ cucharadita de tomillo seco

1 hoja de laurel

225 g de camarón mediano crudo, sin caparazón y desvenado

4 postas de atún, de 2.5 cm de grosor

Arroz cocido caliente (opcional)

En una sartén mediana, caliente 2 cucharadas de aceite a fuego medio-alto. Ponga la cebolla, el pimiento, el apio y el ajo; fría durante 1 minuto; luego incorpore el tomate, la salsa picante, el tomillo y la hoja de laurel. Deje que hierva; reduzca el fuego a medio-bajo y deje cocer por 5 minutos; revuelva con frecuencia. Agregue el camarón; deje cocer durante 3 minutos o hasta que el camarón se ponga rosado. Saque y deseche la hoja de laurel. Deje a un lado la salsa de camarón.

Con el aceite restante, barnice ambos lados de las postas. Póngalas sobre la parrilla del asador. Ase sobre carbón encendido medio-alto por 10 minutos o hasta que el pescado se desmenuce con facilidad con un tenedor;* voltee una vez. Pase las postas a un platón. Vierta la salsa de camarón sobre el pescado. Sirva con arroz, si lo desea. Adorne a su gusto. *Rinde 4 porciones*

**Si cuece de más el atún se seca y se pone estropajoso. Cuézalo hasta que esté opaco, pero aún debe sentirse un poco suave en el centro. Cuídelo mientras lo asa.*

Tiempo de Preparación: 15 minutos

Tiempo de Cocción: 20 minutos

toque personal

DÉ VIDA A SU FIESTA EN EL EXTERIOR ADORNANDO EL LUGAR CON ILUMINACIÓN ESPECIAL. PUEDE COLOCAR VELAS EN LAS MESAS, ANTORCHAS DE BAMBÚ EN EL JARDÍN O LUCES BLANCAS NAVIDEÑAS ENROLLADAS EN LOS ÁRBOLES.

Postas de Atún con Salsa Criolla de Camarón

Salchichas con Tocino

8 salchichas

2 cucharadas de mostaza

2 cucharadas de cebolla picada

2 rebanadas de queso Muenster; corte cada rebanada en 4 tiras

8 rebanadas de tocino, parcialmente frito

Salsa barbecue preparada

8 panes para hot dog, tostados

Prepare el asador para asado directo. En las salchichas haga un corte a lo largo de 1.5 mm de profundidad. Dentro del corte, unte equitativamente la mostaza; luego inserte la cebolla y las tiras de queso. Envuelva cada salchicha con 1 rebanada de tocino; afiáncelo con palillos. Áselas por 10 minutos; gire con frecuencia y barnice con la salsa barbecue. Cuando el tocino esté crujiente, retire los palillos. Sirva con el pan. *Rinde 4 porciones*

Bisteces con Salsa de Rábano

120 g de queso crema light suavizado

½ taza de salsa A.1. o salsa para sazonar carne

2 cucharadas de rábano rusticano

2 cucharadas de cebollín picado

4 bisteces de res, de unos 2.5 cm de grosor (120 g)

En un recipiente chico, mezcle el queso crema con ¼ de taza de la salsa para carne y el rábano rusticano; luego incorpore el cebollín. Tape; refrigere durante 1 hora por lo menos, o hasta por 2 días.

Ase los bisteces a fuego medio por 5 minutos de cada lado o hasta que tenga el término que guste; voltee una vez y bañe con la salsa para carne restante. Sirva los bisteces coronados con la salsa fría. *Rinde 4 porciones*

Emparedados de Pollo

- **1 sobre (35 g) de sazonador para fajitas**
- **1 taza de salsa**
- **¼ de taza de agua**
- **4 mitades de pechuga de pollo, deshuesadas y sin piel (unos 450 g)**
- **Lechuga**
- **4 bollos grandes**
- **4 rebanadas de queso asadero**
- **Rebanadas de cebolla morada**
- **Rebanadas de aguacate**
- **Salsa adicional**

En una bolsa grande de plástico, mezcle el sazonador para fajitas, 1 taza de salsa y el agua; revuelva bien. Reserve ½ taza de la marinada para bañar el pollo cuando lo esté asando. Meta el pollo y cierre la bolsa. Marine en el refrigerador durante 2 horas por lo menos. Saque el pollo; deseche la marinada que quede en la bolsa. En un asador o en una plancha, ase el pollo, de 5 a 7 minutos, hasta que pierda el color rosado en el centro y el jugo salga claro cuando corte la carne; voltee una vez y bañe con frecuencia con la marinada que reservó. *Ya no lo bañe durante los últimos 5 minutos de cocción.* Deseche la marinada sobrante. En los bollos ponga la lechuga, el queso, la cebolla, el aguacate y la salsa.

Rinde 4 porciones

Sugerencia para Servir: Acompañe con totopos.

una mano amiga

¡TENGA CUIDADO! BACTERIAS COMO LA DE LA SALMONELA SE REPRODUCEN EN EL POLLO Y OTRAS CARNES. POR LO TANTO, ES MUY IMPORTANTE QUE DESECHE LA MARINADA QUE UTILIZÓ EN LA CARNE O LA PONGA A HERVIR DURANTE VARIOS MINUTOS ANTES DE VOLVER A UTILIZARLA, PARA MATAR CUALQUIER BACTERIA DAÑINA.

Chuleta de Cerdo con Salsa de Frutas Tropicales

⅔ de taza de aderezo italiano para ensalada

⅓ de taza de salsa picante

⅓ de taza de jugo de lima

2 cucharadas de azúcar morena

2 cucharaditas de tomillo seco

1 cucharadita de pimienta inglesa molida

½ cucharadita de nuez moscada molida

½ cucharadita de canela en polvo

6 chuletas de cerdo de 2.5 cm de grosor (más o menos 1.250 kg)

Salsa de Frutas Tropicales (receta más adelante)

En la licuadora o en el procesador de alimentos, ponga el aderezo para ensalada, la salsa picante, el jugo de lima, el azúcar y los sazonadores; tape y licue hasta que se incorporen. Reserve ½ taza de esta mezcla para la Salsa de Frutas Tropicales. En una bolsa grande de plástico, meta las chuletas y vierta el resto de la marinada; cierre la bolsa y deje reposar en el refrigerador durante 1 hora.

Ponga las chuletas en el asador; conserve la marinada. Ase por 30 minutos sobre carbón encendido a término medio, o hasta que la carne esté jugosa y un poco rosada en el centro; voltee y bañe con frecuencia con la marinada. (Ya no bañe las chuletas durante los últimos 5 minutos de asado.) Sirva las chuletas con la Salsa de Frutas Tropicales. Adorne a su gusto. *Rinde 6 porciones*

Salsa de Frutas Tropicales

1 taza de piña finamente picada

1 mango maduro, pelado, sin hueso y finamente picado

2 cucharadas de cebolla morada finamente picada

1 cucharada de cilantro fresco picado

En un recipiente chico, mezcle la piña, el mango, la cebolla, el cilantro y la media taza de marinada que reservó. Refrigere hasta que esté fría.

Chuleta de Cerdo con Salsa de Frutas Tropicales

fiestas en el jardín • fiestas en el jardín • fiestas en el jardín • fiestas en el jardín

fiestas en el jardín • fiestas en el jardín • fiestas en el jardín • fiestas en el jardín

Champiñones Portobello y Pimientos a la Parrilla

225 g de crema agria
1 cucharadita de semillas de eneldo
1 cucharadita de cebolla en polvo
2 cucharadas de aceite vegetal
1 diente de ajo grande picado
2 champiñones Portobello sin tallo
1 pimiento morrón verde grande, en cuartos
1 pimiento morrón rojo grande, en cuartos
6 tortillas de harina, calientes

1. Prepare el asador para asado directo. En un recipiente chico, mezcle la crema agria con el eneldo y la cebolla en polvo. En otro recipiente chico, mezcle el aceite y el ajo.

2. Con aceite en aerosol, rocíe la parrilla del asador. Ponga los champiñones y los pimientos morrones sobre la parrilla; barnícelos ligeramente con la mezcla de aceite; sazónelos con sal y pimienta al gusto.

3. Ase sobre el carbón a temperatura media-caliente durante 10 minutos o hasta que los pimientos estén suaves; voltéelos a la mitad del tiempo de cocción. Pase los champiñones y los pimientos a una tabla para picar; corte en rebanadas de 2.5 cm.

4. Ponga sobre un platón y acompañe con el dip de crema agria y las tortillas. *Rinde de 4 a 6 porciones*

Tiempo de Preparación y Cocción: 18 minutos

toque personal

El nombre "Portobello" se utilizó por primera vez en la década de los 80 para poner a la venta unos enormes sombreretes de champiñones de aspecto desagradable. En ese tiempo, los cultivadores de champiñones no pudieron venderlos y tuvieron que desecharlos. Hoy, los champiñones Portobello son una versión completamente madura de los champiñones blancos comunes.

Champiñones Portobello y Pimientos a la Parrilla

fiestas en el jardín • fiestas en el jardín • fiestas en el jardín • fiestas en el jardín

fiestas en el jardín • fiestas en el jardín • fiestas en el jardín • fiestas en el jardín

Emparedado de Cerdo BBQ

1.800 kg de lomo de cerdo, deshuesado y sin grasa

1 lata (420 ml) de caldo de res

⅓ de taza de salsa inglesa

⅓ de taza de salsa picante

SALSA

½ taza de salsa catsup

½ taza de melaza

¼ de taza de mostaza

¼ de taza de salsa inglesa

2 cucharadas de salsa picante

INSTRUCCIONES PARA OLLA ELÉCTRICA

1. Ponga la carne en una olla eléctrica. Mezcle el caldo con ⅓ de taza de la salsa inglesa y ⅓ de la salsa picante; vierta sobre la carne. Tape y cueza por 5 horas* a la temperatura más alta o hasta que la carne esté suave.

2. Mientras tanto, en un recipiente grande, mezcle los ingredientes para la salsa.

3. Ponga la carne sobre una tabla para picar. Deseche el líquido. Deshebre grueso la carne; meta la carne en la salsa y revuelva. Ponga la carne en panes largos. Sirva con ensalada de papa, si lo desea.

Rinde de 8 a 10 porciones

**O cueza durante 10 horas a temperatura baja.*

Consejo: Prepare más salsa y sirva junto con los emparedados. También la salsa es excelente para costillas y chuletas a la barbecue.

Tiempo de Preparación: 10 minutos

Tiempo de Cocción: 5 horas

una mano amiga

LAS RECETAS PARA OLLAS ELÉCTRICAS SON PERFECTAS PARA FIESTAS. PREPARE LA CARNE, ENCIENDA LA OLLA Y DÉJELA COCIENDO MIENTRAS REALIZA EL RESTO DE LOS PREPARATIVOS. CUANDO EMPIECE LA FIESTA, LA COMIDA ESTARÁ LISTA.

Emparedado de Cerdo BBQ

fiestas en el jardín • fiestas en el jardín • fiestas en el jardín • fiestas en el jardín

Brochetas de Mariscos

450 g de camarón grande crudo, pelado y desvenado

285 g de postas de pez espada o hipogloso sin piel, de 2.5 cm de grosor

2 cucharadas de mostaza con miel

2 cucharaditas de jugo de limón recién exprimido

8 agujas de metal para brocheta (de 30 cm de largo)

8 rebanadas de tocino (normales, no gruesas)

Rebanadas de limón y hierbas frescas (opcional)

1. Rocíe la parrilla del asador con aceite en aerosol. Prepare el asador para asado directo.

2. Coloque el camarón en un refractario de vidrio. Corte el pez espada en cubos de 2.5 cm; póngalos en el refractario. En un recipiente chico, mezcle la mostaza y el jugo de limón; vierta en el refractario; revuelva un poco para bañar el pescado.

3. En una aguja para brocheta, ensarte un extremo de una rebanada de tocino, un camarón y de nuevo el tocino; el camarón quedará envuelto con el tocino.

4. Ensarte un pedazo de pez espada y otra vez la rebanada de tocino (el tocino irá zigzagueando en la brocheta). Continúe ensartando mariscos y envolviendo con el tocino. Empuje los ingredientes hacia el centro de la aguja hasta que termine de ensartar la rebanada de tocino. Repita el procedimiento con las agujas restantes. Barnice las brochetas con el resto de la mezcla de mostaza.

5. Coloque las brochetas sobre la parrilla del asador; ase, tapado, con el carbón encendido a temperatura media, de 8 a 10 minutos, o hasta que el camarón esté opaco y el pez espada se desmenuce con facilidad cuando lo pique con un tenedor; gire a la mitad del tiempo de asado. Adorne con rebanadas de limón y hierbas frescas, si lo desea. *Rinde 4 porciones (2 brochetas por porción)*

Nota: Las brochetas se pueden preparar hasta 3 horas antes de asarlas. Tápelas y refrigérelas hasta el momento de asarlas.

Brochetas de Mariscos

fiestas en el jardín • fiestas en el jardín • fiestas en el jardín

Hamburguesas con Salsa de Yogur y Pepino

450 g de carne molida de res

½ taza de yogur

⅓ de taza de pepino picado

2 cucharaditas de Mezcla de Hierbas (receta más adelante)

¼ de cucharadita de sal

2 pitas (pan árabe), cortadas a la mitad

1 tomate rojo, cortado en 8 rebanadas

En un recipiente chico, mezcle el yogur con el pepino, ½ cucharadita de la Mezcla de Hierbas y la sal. Con la carne de res haga cuatro hamburguesas de 1.5 cm de grosor. Espolvoree ambos lados de las hamburguesas con la Mezcla de Hierbas restante. Mientras tanto, a fuego medio, caliente por 5 minutos una sartén grande con recubrimiento antiadherente. Ponga ahí las hamburguesas y cuézalas de 6 a 8 minutos; voltéelas una vez. Si lo desea, sazónelas con sal. Para servirlas, ponga una hamburguesa en cada mitad de pan árabe; agregue 2 rebanadas de tomate rojo y salsa de yogur al gusto.

Rinde 4 porciones

Mezcla de Hierbas: Mezcle 2 cucharadas de albahaca seca, 1 cucharada de limón en polvo, 1 cucharada de cebolla en polvo y 1½ cucharaditas de salvia. Guárdela tapada en un recipiente hermético. Agítela antes de usar. Rinde más o menos ⅓ de taza.

Filete Marinado con Cebolla

2 cebollas moradas grandes

1 taza *más* 2 cucharadas de aderezo italiano para ensalada

1 sirloin o filete de res sin hueso (de 900 g a 1.350 kg)

Corte 1 cebolla por la mitad; refrigere una mitad. Pique el resto de la cebolla hasta obtener 1½ tazas. En la licuadora, licue 1 taza del aderezo y la cebolla picada hasta que obtenga puré.

En un recipiente, que no sea de aluminio, o en una bolsa de plástico, ponga la carne y vierta 1¾ tazas del aderezo. Cubra o cierre la bolsa y deje marinar en el refrigerador, de 3 a 24 horas; voltee de vez en cuando. Refrigere el aderezo restante.

Saque la carne del aderezo y deséchelo. Ase a la parrilla; voltee la carne y barnícela con frecuencia con el aderezo que refrigeró.

Caliente el aderezo italiano restante y cueza la mitad de cebolla restante, cortada en aros hasta que la cebolla esté suave. Sirva sobre la carne.

Rinde 8 porciones

Pollo a la Parrilla

- 1 lata (420 g) de tomate rojo picado aderezado con ajo y cebolla
- ⅓ de taza de salsa picante espesa
- 2 cucharadas de aceite vegetal
- 2 cucharadas de vinagre de vino tinto o de sidra
- 1 lechuga romanita grande, picada (de 10 a 12 tazas)
- 4 mitades de pechuga de pollo, deshuesadas y sin piel, asadas y cortadas del tamaño de un bocado*
- 1 lata (225 g) de alubias escurridas (opcional)
- 1 taza (120 g) de [illegible] rallado
- 3 tazas de totopos

**Puede sustituirlas con 3 tazas de pollo cocido y deshebrado.*

1. Escurra los tomates; reserve 1 cucharada del líquido. Pique el tomate.

2. Para hacer el aderezo, mezcle en un recipiente chico el líquido de tomate que reservó, la salsa, el aceite y el vinagre.

3. En un recipiente grande, mezcle la lechuga con el tomate, el pollo, las alubias y el queso. Agregue aderezo al gusto. Ponga los totopos y revuelva. Sazone con sal y pimienta, si lo desea. Sirva de inmediato. Adorne a su gusto. *Rinde 4 porciones*

Consejo: Para darle variedad a la ensalada, agregue aguacate picado, cebollín rebanado, aceitunas, elote, rábanos rebanados y cilantro picado, a su gusto.

Tiempo de Preparación: 15 minutos

una mano amiga

¡Primero está la seguridad! Los alimentos altos en proteína o almidón, como las carnes, las alubias, las papas o las natillas, son ideales para que sobreviva y se reproduzca la dañina bacteria. Para evitar enfermedades, siempre conserve calientes los alimentos calientes y fríos los alimentos fríos.

fiestas en el jardín • fiestas en el jardín • fiestas en el jardín • fiestas en el jardín

fiestas en el jardín • fiestas en el jardín • fiestas en el jardín • fiestas en el jardín

Hamburguesa de Pavo con Jalapeño a la Parrilla

565 g de pavo molido
¼ de taza de cebollín picado
2 cucharadas de rajas picadas de chile jalapeño u otro chile verde
1 diente de ajo picado
1 cucharadita de salsa inglesa
½ cucharadita de sal
⅛ de cucharadita de pimienta negra

Prepare el asador para asado directo a temperatura media. Con aceite en aerosol, rocíe ligeramente la rejilla del asador. En un recipiente grande mezcle todos los ingredientes; revuélvalos bien. Haga seis hamburguesas. Áselas durante 6 minutos de cada lado o hasta que la carne pierda su color rosado en el centro. Acompañe con sus condimentos favoritos. *Rinde 6 hamburguesas*

Tiempo de Preparación: 15 minutos

Huachinango con Mostaza a la Parrilla

½ taza de mostaza Dijon
1 cucharada de vinagre de vino tinto
1 cucharadita de pimienta roja en polvo
4 filetes de huachinango
Ramas de perejil y granos de pimienta roja (opcional)

Con aceite en aerosol, rocíe la parrilla del asador. Prepare el asador para asado a fuego directo.

En un recipiente chico mezcle la mostaza con el vinagre y la pimienta; revuelva bien. Cubra todo el pescado con la mezcla de mostaza.

Ponga el pescado sobre la parrilla; áselo, tapado, a fuego medio-alto durante 8 minutos o hasta que el pescado se desmenuce con facilidad cuando lo pique con un tenedor; voltéelo a la mitad del tiempo de cocción. Adorne con ramas de perejil y los granos de pimienta roja, si lo desea. *Rinde 4 porciones*

Hamburguesa de Pavo con Jalapeño a la Parrilla

Chuleta de Cerdo Rellena con Manzana a la Parrilla

5 cucharadas de mostaza oscura

3 cucharadas de miel

1 taza de relleno para pan de maíz

1 manzana MacIntosh chica, pelada, sin corazón y picada

¼ de taza de cebolla picada

¼ de taza de perejil fresco picado

4 chuletas de cerdo de 3 cm de grosor (unos 900 g)

1. En un recipiente mediano, mezcle ¼ de taza de agua, 2 cucharadas de mostaza y 1 cucharada de miel. Agregue la harina de maíz, la manzana, la cebolla y el perejil; revuelva hasta que las migajas estén húmedas. En un recipiente chico, mezcle la mostaza restante y 2 cucharadas de miel; deje a un lado para después glasear las chuletas.

2. Con un cuchillo afilado, haga cortes horizontales en las chuletas para rellenarlas. Introduzca el relleno equitativamente en los cortes. Afiance la abertura con palillos.

3. Ponga las chuletas sobre la parrilla del asador engrasada. Ase a fuego medio de 40 a 45 minutos hasta que pierdan su color rosado cerca del hueso; voltéelas con frecuencia. Durante los últimos 10 minutos de cocción, bañe las chuletas con el glasé que preparó.

Rinde 4 porciones

Tiempo de Preparación: 20 minutos

Tiempo de Cocción: 40 minutos

toque personal

Los primeros días de otoño es la época perfecta para organizar fiestas al aire libre. Decore las mesas con elotes, manzanas o calabazas. Cuando empiece a ocultarse el sol, sirva tazas con té o café caliente (y suéteres, si es necesario), y deje que sus invitados disfruten la puesta de sol.

Chuleta de Cerdo Rellena con Manzana a la Parrilla

Filete de Salmón Asado con Mezquite

- **2 cucharadas de aceite de oliva**
- **1 diente de ajo picado**
- **2 cucharadas de jugo de limón**
- **1 cucharadita de ralladura de cáscara de limón**
- **½ cucharadita de semillas de eneldo**
- **½ cucharadita de tomillo seco**
- **¼ de cucharadita de sal**
- **¼ de cucharadita de pimienta negra**
- **4 filetes de salmón de 2 a 2.5 cm de grosor**

Cubra con agua fría 1 taza de trozos de mezquite; remoje de 20 a 30 minutos. Prepare el asador para asado directo.

En un recipiente chico para horno de microondas, mezcle el aceite con el ajo. Meta al horno de microondas a temperatura ALTA por 1 minuto o hasta que el ajo esté suave. Agregue el jugo de limón, la ralladura de cáscara de limón, el eneldo, el tomillo, la sal y la pimienta; revuelva hasta que se mezclen. Barnice los lados del salmón que no tienen piel con la mitad de la mezcla de limón.

Escurra los trozos de mezquite; distribuya sobre el carbón. Ponga el salmón, con el lado de la piel hacia arriba, sobre la parrilla; ase, tapado, a temperatura media-alta, de 4 a 5 minutos; voltee y barnice con el resto de la mezcla de limón. Ase de 4 a 5 minutos más o hasta que el salmón se desmenuce con facilidad cuando lo pique con un tenedor.

Rinde 4 porciones

una mano amiga

SI, AL ASAR A LA PARRILLA, AGREGA TROZOS DE MADERA AL CARBÓN, ES FÁCIL CAMBIAR EL SABOR A LOS ALIMENTOS ASÍ COCINADOS. LAS MADERAS MÁS COMÚNMENTE UTILIZADAS SON EL MEZQUITE, EL NOGAL AMERICANO, EL CEREZO Y EL MANZANO.

Filete de Salmón Asado con Mezquite

fiestas en el jardín • fiestas en el jardín • fiestas en el jardín • fiestas en el jardín

Brochetas de Carne de Res y Piña

1 taza de marinada de jengibre con jugo de lima tipo tailandés
1 lata (450 g) de piña en trozos; conserve el almíbar
675 g de filete de lomo de res, cortado en cubos
2 pimientos morrones rojos, en trozos
2 cebollas medianas, en rebanadas
Agujas para brocheta

En una bolsa grande de plástico, mezcle ½ taza de la marinada de jengibre y 1 cucharada del almíbar de piña; revuelva bien. Agregue la carne, el pimiento morrón y la cebolla; cierre la bolsa. Marine en el refrigerador durante 30 minutos por lo menos. Saque la carne y las verduras; deseche la marinada. En las agujas, ensarte de manera alternada la carne, las verduras y la piña. Ase a la parrilla o sobre una plancha, de 10 a 12 minutos o hasta que la carne tenga el término que prefiera; gire una vez y bañe a menudo con la marinada restante. Ya no bañe las brochetas durante los últimos 5 minutos de cocción. Deseche la marinada sobrante.

Rinde 6 porciones

Sugerencia para Servir: Acompañe las brochetas con una ensalada ligera y pan.

Emparedados de Carne y Pimientos Asados

450 g de bisteces de res
¾ de taza de salsa A.1. para carne
2 pimientos morrones (1 rojo y 1 verde), cortados en tiras
4 bollos grandes, cortados por la mitad y asados
120 g de rebanadas de queso mozzarella

Ponga la carne en un recipiente no metálico; bañe con ¼ de taza de la salsa para carne. Refrigere por 1 hora; gire de vez en cuando.

En una sartén mediana, a fuego medio, cueza las tiras de pimiento morrón con el resto de la salsa para carne hasta que estén suaves, durante unos 10 minutos; conserve caliente.

Saque la carne de la marinada. Ásela a fuego medio por 6 minutos de cada lado o hasta que esté bien cocida. Corte la carne en rebanadas delgadas; acomódelas en la parte inferior del pan; corone con la salsa caliente, las rebanadas de queso y coloque la tapa del pan; sirva de inmediato.

Rinde 4 porciones

Brochetas de Carne de Res y Piña

fiestas en el jardín • fiestas en el jardín • fiestas en el jardín • fiestas en el jardín

fiestas en el jardín • fiestas en el jardín • fiestas en el jardín • fiestas en el jardín

Frijoles "al Horno"

- **½ taza de miel de maíz clara u oscura**
- **¼ de taza de salsa catsup**
- **1 cucharada de vinagre de sidra**
- **1 cucharadita de chile en polvo**
- **½ cucharadita de sal**
- **2 latas (de 450 g cada una) de alubia o frijol negro, enjuagada y escurrida**
- **1 lata (360 g) de granos de elote escurridos**
- **1 lata (120 g) de rajas de chile escurridas o 1 cucharada de rajas de chile jalapeño sin semillas***
- **½ taza de cebolla finamente picada**

**Cuando maneje chiles utilice guantes de hule, o lávese las manos con agua jabonosa caliente después de manejarlos. Evite tocarse la cara o los ojos.*

1. En una cacerola de 1½ litros para horno de microondas, mezcle la miel de maíz, la salsa catsup, el vinagre, el chile en polvo y la sal. Incorpore los frijoles, el elote, las rajas de chile y la cebolla.

2. Cueza en el horno de microondas a temperatura ALTA (100%) durante 15 minutos o hasta que esté caliente y burbujee; revuelva dos veces. Deje reposar por 5 minutos antes de servir.

Rinde 6 porciones

Tiempo de Preparación: 35 minutos

toque personal

CASI CUALQUIER IDEA SE PUEDE TRANSFORMAR EN EL TEMA DE UNA FIESTA. DURANTE LOS CALUROSOS DÍAS DE VERANO, HAGA UNA COMIDA SENCILLA Y SIRVA HELADOS PARA AMINORAR EL CALOR. PIDA A SUS INVITADOS QUE TRAIGAN EL HELADO Y LOS BARQUILLOS, Y DEJE QUE VUELE LA IMAGINACIÓN.

Frijoles "al Horno"

fiestas en el jardín • fiestas en el jardín • fiestas en el jardín • fiestas en el jardín

fiestas en el jardín • fiestas en el jardín • fiestas en el jardín • fiestas en el jardín

fiestas en el jardín • fiestas en el jardín • fiestas en el jardín • fiestas en el jardín

fiestas en el jardín • fiestas en el jardín • fiestas en el jardín • fiestas en el jardín

Elotes Sazonados con Hierbas

1 cucharada de mantequilla

1 cucharadita de hierbas secas, como albahaca, orégano, salvia y romero

⅛ de cucharadita de sal

Pimienta negra

4 elotes (mazorcas de maíz) sin hojas

1. En un recipiente chico para horno de microondas, mezcle la mantequilla con las hierbas, la sal y la pimienta. Meta al horno a temperatura MEDIA (50%) durante 30 a 45 segundos o hasta que se derrita la mantequilla.

2. Con una brocha para repostería, barnice los elotes con la mezcla de mantequilla. Póngalos en un platón para horno de microondas; métalos al horno a temperatura ALTA, de 5 a 6 minutos. Gire los elotes y vuelva a hornearlos a temperatura ALTA, de 5 a 6 minutos, hasta que estén suaves.

Rinde 4 porciones

Ensalada de Alubias con Vinagreta de Cilantro

1 pimiento morrón rojo mediano

6 cebollines

2 latas (de 435 g cada una) de alubias

½ taza de aderezo italiano

2 cucharadas de vinagre blanco

1 cucharada de cilantro seco

2 cucharaditas de azúcar

2 cucharaditas de aceite de oliva

Corte el pimiento morrón y los cebollines en tiras de .5 cm de grosor. En un recipiente mediano, mezcle el pimiento morrón, el cebollín, las alubias, el aderezo italiano, el vinagre, el cilantro, el azúcar y el aceite. Tape; refrigere durante 2 horas o por toda una noche. Adorne con col morada y cilantro fresco, si lo desea.

Rinde 8 porciones

Elotes Sazonados con Hierbas

Berenjenas Rellenas a la Parrilla

4 berenjenas miniatura (675 g)*

2 cucharadas de aceite de oliva

120 g de champiñones chicos, limpios y cortados en cuartos (más o menos 1 taza)

½ taza de pimiento morrón verde, rojo o de ambos colores, finamente picado

2 dientes de ajo picados

1 taza de salsa espesa

1⅓ tazas de aros de cebolla

2 cucharadas de queso de cabra desmenuzado

1 cucharada de queso parmesano rallado

**Puede sustituir las berenjenas miniatura por 2 berenjenas medianas (675 g). Corte las berenjenas por la mitad a lo largo; siga las instrucciones.*

Corte a lo largo una rebanada de 1.5 cm de la parte superior de cada berenjena; deséchela. Con una cuchara común o con una cuchara para melón, saque la pulpa de las berenjenas; deje pulpa a .5 cm de la cáscara. Pique finamente la pulpa.

En una sartén grande, caliente el aceite a fuego alto. Agregue la pulpa de berenjena y los champiñones; cueza durante unos 5 minutos o hasta que se evapore el líquido; revuelva con frecuencia. Agregue el pimiento morrón y el ajo; cueza y revuelva hasta que el pimiento esté suave. Incorpore la salsa. Ponga a hervir; luego reduzca el fuego a medio y revuelva por 2 minutos. Incorpore ⅔ de taza de los aros de cebolla. Rellene las cáscaras de berenjena con la mezcla. Distribuya encima los aros de cebolla restantes y espolvoree con el queso.

Coloque las berenjenas sobre la parrilla aceitada. Ase con el carbón a temperatura media por 15 minutos o hasta que la cáscara de las berenjenas esté suave. Sirva caliente.

Rinde 4 porciones de guarnición

Tiempo de Preparación: 15 minutos

Tiempo de Cocción: 30 minutos

Berenjenas Rellenas a la Parrilla

Ensalada de Col con Jalapeño

6 tazas de col o mezcla de col blanca y morada, rallada

2 tomates rojos sin semillas y picados

6 cebollines picados

2 chiles jalapeños* picados

¼ de taza de vinagre de sidra

3 cucharadas de miel

1 cucharadita de sal

**Los chiles jalapeños pueden dar comezón e irritar la piel. Utilice guantes de hule cuando maneje chiles y no se toque los ojos. Lávese las manos después de trabajar con ellos.*

1. En una ensaladera, mezcle la col, el tomate rojo, el cebollín, el jalapeño, el vinagre, la miel y la sal; revuelva bien. Tape y refrigere durante 2 horas por lo menos antes de servir.
2. Revuelva bien inmediatamente antes de servir.

Rinde 4 porciones

Consejo del Cocinero: Si quiere que la ensalada no pique mucho, retire las semillas y las venas de los chiles.

toque personal

¿ESTÁ PLANEANDO UN DÍA DE CAMPO? HAGA UNA LISTA COMPLETA DE TODO EL ALIMENTO Y EL EQUIPO QUE VA A LLEVAR, DE ESTA MANERA, NO OLVIDARÁ NADA. CUANDO HAGA LA LISTA, RECUERDE ANOTAR LOS CERILLOS Y EL PROTECTOR SOLAR. A MENUDO LAS COSAS MÁS SIMPLES Y OBVIAS SE OLVIDAN.

Ensalada de Col con Jalapeño

fiestas en el jardín • fiestas en el jardín • fiestas en el jardín • fiestas en el jardín

fiestas en el jardín • fiestas en el jardín • fiestas en el jardín • fiestas en el jardín

Ensalada de Salchicha y Tomate

450 g de salchicha

450 g de tomate rojo rebanado

1 cebolla morada grande picada

1 pimiento morrón rojo picado

1 pimiento morrón amarillo picado

3 cebollines con la parte blanca, cortados en trozos de 1.5 cm

½ taza de perejil fresco picado

⅓ de taza de vinagre balsámico

2 cucharaditas de sal

1 cucharadita de romero fresco picado

1 cucharadita de tomillo fresco picado

1 cucharadita de pimienta negra

½ taza de aceite de oliva

Ramas de romero fresco (opcional)

Corte las salchichas en rodajas de 1.5 cm de grosor; póngalas en una sartén mediana y cuézalas a fuego medio hasta que estén doradas; voltee de vez en cuando. Pase las salchichas a un tazón grande de vidrio. Agregue el tomate, la cebolla morada, los pimientos y el cebollín; revuelva un poco. En un recipiente chico, mezcle el resto de los ingredientes, excepto el aceite y la rama de romero; después incorpore gradualmente el aceite hasta que esté bien mezclado. Vierta sobre la salchicha; tape y refrigere durante 2 horas o hasta que esté frío. Adorne con la rama de romero, si lo desea. Sirva frío. Refrigere el sobrante.

Rinde 8 porciones de guarnición

Ensalada de Salchicha y Tomate

Verduras a la Parrilla sobre Arroz Integral

1 calabacita mediana

1 pimiento morrón rojo o amarillo mediano, cortado a lo largo en cuartos

1 cebolla chica cortada a lo ancho en rebanadas de 2.5 cm de grosor

¾ de taza de aderezo italiano

4 tazas de arroz integral cocido y caliente

1. Corte la calabacita a lo largo en tercios. Meta todas las verduras en una bolsa grande de plástico y vierta el aderezo. Cierre la bolsa; refrigérela durante varias horas o por toda una noche.

2. Saque las verduras de la marinada y conserve ésta. Ponga los pimientos morrones y la cebolla sobre el asador con el carbón encendido a temperatura media; barnice con la marinada. Ase durante 5 minutos. Voltee las verduras; agregue la calabacita. Barnice con la marinada. Continúe asando hasta que las verduras estén cocidas, durante unos 5 minutos; voltee la calabacita después de 3 minutos de cocción.

3. Retire las verduras del asador; píquelas y agréguelas sobre el arroz caliente; revuelva un poco. Sazone con sal y pimienta negra, si lo desea.

Rinde de 6 a 8 porciones

una mano amiga

ASAR VERDURAS A LA PARRILLA LES PROPORCIONA UN SABOR AHUMADO ÚNICO Y RESALTA SU DULZURA NATURAL. LA MANERA MÁS SENCILLA DE ASAR VERDURAS ES CORTARLAS EN TROZOS LARGOS Y BAÑARLAS CON ADEREZO PARA ENSALADA O SAZONARLAS ANTES DE ASARLAS. LAS VERDURAS CRUDAS SAZONADAS TAMBIÉN PUEDEN ENVOLVERSE CON PAPEL DE ALUMINIO Y ASARLAS HASTA QUE ESTÉN SUAVES.

Verduras a la Parrilla sobre Arroz Integral

fiestas en el jardín • fiestas en el jardín • fiestas en el jardín • fiestas en el jardín

Ensalada de Zanahoria y Pasas con Aderezo Cítrico

- **¾ de taza de crema agria**
- **¼ de taza de leche**
- **1 cucharada de miel**
- **1 cucharada de jugo de naranja concentrado**
- **1 cucharada de jugo de lima**
- **Ralladura de la cáscara de 1 naranja**
- **¼ de cucharadita de sal**
- **8 zanahorias ralladas**
- **¼ de taza de uvas pasa**
- **⅓ de taza de nuez picada**

En un recipiente chico, mezcle la crema agria, la leche, la miel, el jugo de naranja concentrado, el jugo de lima, la ralladura de cáscara de naranja y la sal. Revuelva bien.

En una ensaladera grande mezcle la zanahoria y las pasas. Vierta el aderezo sobre la zanahoria; revuelva para bañarla. Tape y refrigere durante 30 minutos. Vuelva a revolver antes de servir. Encima ponga la nuez.

Rinde 8 porciones

Elotes con Mantequilla y Salsa Barbecue

- **4 elotes (mazorcas de maíz) frescos**
- **2 cucharadas de mantequilla**
- **½ cucharadita de sazonador barbecue**
- **¼ de cucharadita de sal**

1. En una cacerola o en una sartén grande, vierta un fondo de 2.5 cm de agua. (No agregue sal, porque el elote se torna correoso.) Ponga a hervir a fuego medio-alto. Agregue el elote; tape y deje cocer hasta que los granos se sientan ligeramente suaves cuando los pique con un tenedor.

2. Saque los elotes y póngalos sobre un platón caliente. Mezcle la mantequilla, el sazonador barbecue y la sal; revuelva hasta que se incorporen. Sirva de inmediato con los elotes.

Rinde 4 porciones de guarnición

fiestas en el jardín • fiestas en el jardín • fiestas en el jardín • fiestas en el jardín

Ensalada de Papa y Estragón

6 papas (patatas) rojas medianas (unos 800 g), lavadas y sin pelar
1 taza de chícharos (guisantes) descongelados
¾ de taza de pimiento morrón verde picado
¾ de taza de mayonesa baja en grasa
¼ de taza de leche baja en grasa
¼ de taza de cebollín rebanado
2 cucharadas de perejil picado
1 cucharada de jugo de limón
2 cucharaditas de estragón seco
½ cucharadita de sal
¼ de cucharadita de pimienta negra
Hojas de lechugas mixtas

Ponga las papas en una olla lo suficientemente grande para que queden en una sola capa. Coloque agua sólo para cubrirlas y hierva a fuego alto. Una vez que haya hervido, baje el fuego y deje cocer, tapado, por 25 minutos o hasta que estén suaves. Escúrralas y déjelas a un lado para que se enfríen.

Rebane las papas y póngalas en un recipiente grande. Agregue los chícharos y los pimientos. Revuelva. En un recipiente chico mezcle el resto de los ingredientes, excepto la lechuga; revuelva bien. Vierta sobre las verduras y mezcle con suavidad para bañarlas. Tape y refrigere durante 4 horas por lo menos. Sirva sobre la lechuga. *Rinde de 6 a 8 porciones*

Ensalada con Pasta

4 tazas de frijol negro

1½ tazas de tornillos de pasta sin cocer

1 pimiento morrón rojo picado

1 pimiento morrón verde picado

1 cebolla morada mediana picada

4 rebanadas de queso Provolone picado

4 rebanadas de salami

1 lata (135 g) de champiñones enteros

1 frasco (60 g) de rajas de pimiento

2 cucharadas de perejil picado

2 cucharadas de aderezo italiano en polvo

½ cucharadita de sal

¼ de cucharadita de pimienta negra

½ taza de vinagre de vino

¼ de taza de azúcar

¼ de taza de aceite vegetal

1. Ponga el frijol en una cacerola grande; cúbralo con agua y ponga a hervir a fuego alto. Reduzca el fuego a bajo; deje cocer, tapado, hasta que el frijol se sienta suave cuando lo pique con un tenedor, de 15 a 20 minutos. Escúrralo.

2. Cueza la pasta siguiendo las instrucciones de la envoltura hasta que esté suave pero firme. Escúrrala.

3. En una ensaladera grande, mezcle el frijol, la pasta, los pimientos morrones, la cebolla picada, el queso Provolone, el salami, los champiñones, el pimiento y el perejil.

4. En un recipiente chico, mezcle el aderezo en polvo con la sal y la pimienta negra. Agregue el vinagre y el azúcar; revuelva bien. Incorpore el aceite batiendo.

5. Vierta el aderezo sobre la ensalada. Revuelva con delicadeza hasta que se mezcle. Tape y refrigere durante 2 horas por lo menos antes de servir. Adorne con rebanadas de cebolla y ramas de hierbas, si lo desea. *Rinde 12 porciones de primer plato*

Nota: Le puede agregar otras verduras, como coliflor, brócoli, zanahoria o apio.

Ensalada con Pasta

Ensalada de Arroz y Frijol

420 ml de consomé de pollo

2 tazas de arroz integral instantáneo, sin cocer

1 cucharada de aceite de oliva

1 cebolla mediana picada

3 dientes de ajo picados

2 zanahorias medianas cortadas en tiras

1 calabacita cortada por la mitad a lo largo y en rebanadas diagonales

1 lata (420 g) de tomate rojo estofado estilo italiano

1 lata (440 g) de frijol rojo

½ taza de queso parmesano rallado

½ taza de aderezo italiano

¼ de taza de albahaca fresca picada

1. En una cacerola mediana, ponga a hervir el consomé de pollo a fuego alto; agregue el arroz y tape. Baje el fuego y deje cocer por 10 minutos o hasta que se absorba el consomé. Retire del fuego.

2. En una sartén grande, caliente el aceite a fuego medio-alto. Añada la cebolla y el ajo; fría de 2 a 3 minutos o hasta que la cebolla esté suave. Coloque la zanahoria y la calabaza; fría de 3 a 4 minutos o hasta que las verduras estén suaves. Retire del fuego. Incorpore el tomate, los frijoles y el arroz; revuelva.

3. Ponga la mezcla de arroz en un recipiente grande. Tape con envoltura de plástico y refrigere por toda una noche.

4. Para completar la receta, espolvoree sobre el arroz el queso parmesano, el aderezo para ensalada y la albahaca; revuelva ligeramente. Sazone con pimienta negra al gusto.

Rinde 6 porciones

Sugerencia para Servir: Acompañe con palitos de pan o croissants y trozos de sandía.

Tiempo Previo de Preparación: Hasta 2 días antes de servir

Tiempo Final de Preparación: 5 minutos

Ensalada de Arroz y Frijol

Verduras a la Parrilla

¼ de taza de mezcla de hierbas frescas, como perejil, tomillo, romero, orégano o albahaca

1 berenjena chica, cortada en rebanadas

½ cucharadita de sal

1 pieza de cada uno: pimiento morrón rojo, verde y amarillo, cortados en cuartos, sin semillas

2 calabacitas cortadas en rebanadas

1 bulbo de hinojo cortado en rebanadas

1. En un recipiente chico mezcle las hierbas que eligió; déjelas reposar durante 3 horas o por toda una noche.

2. Ponga la berenjena en un colador grande sobre un tazón; sazónela con sal. Déjela escurrir por 1 hora.

3. Prepare el asador y espere hasta que el carbón esté rojo. Rocíe las verduras con aceite en aerosol y espolvoréelas con la mezcla de hierbas. Áselas de 10 a 15 minutos o hasta que, al picarlas con un tenedor, se sientan suaves y estén ligeramente doradas por ambos lados. (El tiempo de cocción varia según la verdura; retire las verduras a medida que estén cocidas para evitar que se cuezan de más.)

Rinde 6 porciones

Variante: Corte las verduras en cubos de 2.5 cm y ensártelas en agujas para brocheta. Rocíelas con aceite en aerosol y espolvoréelas con la mezcla de hierbas. Ase como se indica arriba.

una mano amiga

LA BERENJENA SE AMARGA CUANDO MADURA Y ES MUY PERECEDERA. CONSÉRVELA EN UN LUGAR FRÍO Y SECO, Y UTILÍCELA, COMO MÁXIMO, UNO O DOS DÍAS DESPUÉS DE COMPRARLA.

Verduras a la Parrilla

Ensalada de Pimiento y Arroz Salvaje

- **1 bolsa (180 g) de arroz salvaje de grano largo**
- **½ taza de aderezo de mayonesa**
- **2 cucharadas de aceite de oliva**
- **½ cucharadita de pimienta negra**
- **¼ de cucharadita de ralladura de cáscara de limón**
- **1 taza de pimiento morrón rojo picado**
- **1 taza de pimiento morrón amarillo picado**
- **¼ de taza de cebollín en trozos de 2.5 cm**

Prepare el arroz siguiendo las instrucciones de la envoltura; omita la margarina. Deje enfriar. Mezcle el aderezo de mayonesa, el aceite, la pimienta negra y la ralladura de limón; revuelva bien. Agregue el resto de los ingredientes; revuelva un poco. Sirva a temperatura ambiente o fría. *Rinde 6 porciones*

Puede sustituir el aderezo de mayonesa con aderezo de mayonesa bajo en calorías.

Tiempo de Preparación: 35 minutos

una mano amiga

¡No se amargue! Cerciórese de rallar sólo la parte amarilla de la cáscara de limón; la membrana blanca es muy amarga. Lave muy bien los limones antes de rallarlos.

Gelatina en Capas de Naranja y Piña

1 lata (570 g) de piña en trozos sin escurrir

Agua fría

1½ tazas de agua hirviente

1 caja (para 8 porciones) o 2 cajas (para 4 porciones) de gelatina sabor naranja

1 paquete (225 g) de queso crema suavizado

ESCURRA la piña; conserve el almíbar. Agregue agua fría al almíbar hasta obtener 1½ tazas.

VIERTA el agua hirviente en un recipiente grande sobre la gelatina y revuelva durante unos 2 minutos hasta que la gelatina se disuelva por completo. Incorpore el almíbar de piña con agua. Conserve 1 taza de la gelatina a temperatura ambiente.

INCORPORE la mitad de los trozos de piña. Vierta la mezcla en un molde de 6 tazas de capacidad. Refrigere durante unas 2 horas o hasta que cuaje, pero que no esté firme (la gelatina se debe pegar a su dedo cuando la toque y debe compactarse).

VACÍE gradualmente la taza de gelatina que conservó en un recipiente mediano; coloque el queso crema; bata con un batidor de alambre hasta que se incorporen. Agregue el resto de piña. Vierta en el molde con la gelatina para formar la segunda capa.

REFRIGERE por 4 horas o hasta que esté firme. Desmolde. Adorne, si lo desea.

Rinde 10 porciones

Tiempo de Preparación: 20 minutos

Tiempo de Refrigeración: 6 horas

Ensalada de Aguacate Aderezada con Frambuesa

- **¼ de taza de jalea de frambuesa sin semillas**
- **3 cucharadas de aceite vegetal**
- **2½ cucharadas de vinagre de vino blanco**
- **¾ de cucharadita de jugo de limón**
- **¾ de cucharadita de sal sazonada**
- **2½ tazas de col rallada**
- **1½ tazas de col morada rallada**
- **2 tomates rojos medianos cortados en rebanadas**
- **1 aguacate cortado en cubos**
- **½ pepino mediano, en rebanadas delgadas**
- **2 cucharadas de cebollín picado**

En un recipiente con tapa o en un frasco para aderezo, mezcle la jalea de frambuesa, el aceite, el vinagre, el limón y la sal; revuelva bien. En 4 platos extendidos, acomode la col. Encima arregle decorativamente el tomate, el aguacate y el pepino. Espolvoree con el cebollín. Bañe todo con el aderezo. *Rinde 4 porciones*

Sugerencia para Servir: Acompañe con pan francés o croissants.

una mano amiga

PARA CONSERVAR FRESCA LA COL PARA LA ENSALADA, GUARDE LA COL RALLADA EN UN TAZÓN CON AGUA HELADA HASTA QUE VAYA A SERVIRLA. ESCÚRRALA ANTES DE PONERLA EN LOS PLATOS.

Ensalada de Aguacate Aderezada con Frambuesa

Gelatina de Melón

2½ tazas de jugo de manzana hirviente

1 caja (para 8 porciones) o 2 cajas (para 4 porciones) de gelatina sabor naranja

1½ tazas de agua mineral fría

1 cucharadita de jugo de limón

2 tazas de cubos de melón chino (Cantaloupe) y melón verde (Honeydew)

VIERTA el jugo de manzana hirviente en un recipiente grande junto con la gelatina; revuelva durante 2 minutos por lo menos hasta que la gelatina se disuelva por completo. Incorpore el agua mineral y el jugo de limón. Refrigere más o menos por 1½ horas o hasta que se espese (al presionarla con una cuchara debe quedar una marca). Incorpore los cubos de melón. Vierta en un molde de 6 tazas de capacidad.

REFRIGERE durante 4 horas o hasta que esté firme. Desmolde. Adorne a su gusto. *Rinde 10 porciones*

Tiempo de Preparación: 15 minutos

Tiempo de Refrigeración: 5½ horas

Ensalada de Manzana con Chocolates

3 manzanas Granny Smith, cortadas en cubos

3 manzanas rojas cortadas en cubos

6 barras (de 57 g) de chocolate con cacahuate (maní) y caramelo, picadas

1 frasco (225 g) de crema batida

MEZCLE la manzana y las barras de chocolate en una ensaladera grande; revuelva bien. Corone con la crema batida.

REFRIGERE hasta el momento de servir. *Rinde 20 porciones*

Gelatina de Melón

fiestas en el jardín • fiestas en el jardín • fiestas en el jardín • fiestas en el jardín

fiestas en el jardín • fiestas en el jardín • fiestas en el jardín • fiestas en el jardín

clásicos genuinos y probados

ideas para menú

FIESTA FAMILIAR

Lomo Asado con Hierbas y Ajo (página 202)

Papas Suizas Horneadas Dos Veces (página 210)

Ejotes con Queso Blue Cheese y Pimientos (página 212)

Torta de Moras (página 236)

ideas para menú

DÍA DE ACCIÓN DE GRACIAS

Ponche Festivo (página 296)

Ensalada de Espinaca con Toronja (página 220)

Pavo Relleno con Pan de Maíz y Hierbas (página 204)

Camote al Brandy con Pasas (página 222)

Manojos de Ejotes (página 219)

Pay de Calabaza Clásico con Nuez Garapiñada (página 248)

ideas para menú

COSECHA DE OTOÑO

Cerdo Asado a la Mostaza (página 205)

Ensalada de Espinaca con Tocino y Champiñones (página 230)

Calabazas al Horno (página 212)

Torta de Otoño (página 298)

Lomo de Cerdo con Relleno de Arándano (página 196)

clásicos genuinos y probados • clásicos genuinos y probados • clásicos genuinos y probados

clásicos genuinos y probados • clásicos genuinos y probados • clásicos genuinos y probados

Piccata de Ternera con Hinojo

8 chuletas o lonjas de ternera delgadas (de unos 60 g cada una)

½ cucharadita de semillas de hinojo

Sal y pimienta negra recién molida

½ taza de harina de trigo

2 cucharadas de aceite de oliva

2 cucharadas de mantequilla

Jugo de 2 limones

2 cucharadas de vino blanco

2 cucharadas de perejil fresco picado

Rebanadas de limón para adornar

1. Con un mazo para carne, aplane la ternera hasta que mida .5 cm de espesor o menos.

2. Machaque las semillas de hinojo en un mortero. O ponga las semillas en una bolsa chica de plástico, saque el aire y cierre bien la bolsa; Machaque las semillas con un mazo de madera.

3. Espolvoree 1 lado de cada chuleta de ternera con las semillas de hinojo machacadas; sazone con sal y pimienta al gusto. En un recipiente chico, ponga la harina y cubra las chuletas. (Deseche la harina sobrante.)

4. En una sartén grande, caliente 1 cucharada de aceite y una de mantequilla a fuego medio-alto hasta que la mantequilla burbujee. Agregue la mitad de la carne; fría durante 1 minuto por lado o hasta que la carne esté suave. Escúrrala bien sobre toallas de papel. Repita el procedimiento con el resto del aceite, la mantequilla y la carne enharinada. (No escurra la sartén.)

5. En un recipiente chico, mezcle el jugo de limón con el vino. Para limpiar la sartén, vierta el jugo en la sartén, cueza a fuego medio-alto, desprenda los residuos dorados y revuelva con frecuencia.

6. Regrese la ternera a la sartén; espolvoree con el perejil y deje calentar. Sirva la carne y la salsa en platos extendidos calientes. Adorne, si lo desea.

Rinde 4 porciones

Piccata de Ternera con Hinojo

Costillas a la Mostaza

1 costillar de res (de 3 costillas), cortado* (de 2.700 a 3.150 kg)

3 cucharadas de mostaza Dijon

1½ cucharadas de estragón picado o 1½ cucharaditas de estragón seco

3 dientes de ajo picados

¼ de taza de vino tinto seco

⅓ de taza de chalote finamente picado (unos 2 chalotes)

1 cucharada de harina de trigo

1 taza de caldo de res

Puré de papa (patata) (opcional)

Ramas de estragón para adornar

**Pida al carnicero que le quite el hueso del espinazo para que sea más fácil trinchar la carne. Recorte la grasa a .5 cm de grosor.*

1. Caliente el horno a 230 °C. Ponga la carne, con el hueso hacia abajo, en una olla para asar. En un recipiente chico, mezcle la mostaza, el estragón picado y el ajo; unte sobre toda la superficie de la carne, excepto en la parte inferior. En la parte más gruesa de la carne, inserte un termómetro para carne, sin que toque hueso o la grasa. Ase en el horno por 10 minutos.

2. *Baje la temperatura del horno a 160 °C.* Ase durante unos 20 minutos por cada 450 g o hasta que el termómetro marque de 57 a 62 °C para término medio.

3. Pase la carne a una tabla para picar; cúbrala con papel de aluminio. Déjela reposar en un lugar tibio durante 15 minutos para que sea más fácil trincharla.

4. Para hacer la salsa, vierta la grasa de la olla en una cacerola mediana; conserve 1 cucharada. Vierta el vino en la olla y póngala sobre 2 quemadores. Cueza a fuego medio por 2 minutos o hasta que se espese un poco; raspe para desprender los pedazos dorados.

5. Agregue el chalote a la grasa de la cacerola; fría a fuego medio por 4 minutos o hasta que se suavice. Añada la harina; cueza y revuelva durante 1 minuto. Vierta el caldo y la mezcla de vino; cueza por 5 minutos o hasta que la salsa se espese; revuelva de vez en cuando. Vierta a través de un colador a una salsera; presione el chalote con el dorso de una cuchara y deseche lo que no pase.

6. Sirva la carne con el puré de papa y la salsa. Adorne, si lo desea.

Rinde de 6 a 8 porciones

Costillas a la Mostaza

Lomo de Cerdo con Relleno de Arándano

- **1¼ tazas de arándano rojo fresco, picado**
- **2 cucharaditas de azúcar**
- **½ taza de mantequilla**
- **1 taza de cebolla picada**
- **1 bolsa (225 g) de mezcla para rellenar sazonada con hierbas**
- **1 taza de consomé de pollo**
- **½ taza de naranja pelada y separada en gajos**
- **1 huevo batido**
- **½ cucharadita de ralladura de cáscara de naranja**
- **1 lomo de cerdo, sin hueso (de 1 a 1.350 kg)**
- **¼ de taza de jalea de grosella**
- **1 cucharada de licor de arándano o de cassis**

En un recipiente chico espolvoree el arándano con el azúcar. En una cacerola derrita la mantequilla a fuego medio hasta que burbujee. Agregue la cebolla; fríala hasta que esté suave. Retire del fuego. Combine la mezcla para rellenar, el consomé, la naranja, el huevo y la ralladura de naranja. Agregue el arándano y la cebolla; revuelva un poco.

Caliente el horno a 160 °C. Abra la carne como mariposa; para ello, corte el lomo a lo largo, casi hasta llegar al otro extremo. Abra la carne como un libro. Cúbrala con envoltura de plástico; aplánela con el lado plano de un mazo para carne. Retire el plástico; espolvoree la carne con parte del relleno. Cierre las mitades y, a intervalos de 5 cm, ate la carne con un cordón. Ponga el sobrante del relleno en una cacerola y tape; hornee junto con la carne durante los últimos 45 minutos de tiempo de cocción. Ponga la carne sobre la rejilla de una olla para asar forrada con papel de aluminio. Inserte un termómetro para carne en el lomo.

Mezcle la jalea y el licor. Después de los primeros 45 minutos de horneado, barnice la carne con la mitad de la mezcla de jalea. Ase durante 30 minutos más o hasta que la temperatura interna llegue a 68 °C; barnice con la jalea restante. Pase el asado a una tabla para picar y cúbralo con papel de aluminio. Deje reposar de 10 a 15 minutos. Trinche el asado a lo ancho; acompañe con el relleno.

Rinde de 8 a 10 porciones

Gallinas de Cornualles Glaseadas con Arándano y Rellenas de Arroz

1 bolsa de arroz mixto de grano largo y arroz salvaje de cocimiento rápido

½ taza de apio rebanado

⅓ de taza de almendra rebanada (opcional)

1 lata (225 g) de salsa de arándano rojo tipo jalea

4 gallinas de Cornualles descongeladas (de unos 450 g cada una)

2 cucharadas de aceite de oliva

1. Caliente el horno a 220 °C. Prepare el arroz siguiendo las instrucciones del envase. Incorpore el apio, la almendra y la mitad de la salsa de arándano; deje enfriar.

2. En la cavidad de cada gallina, introduzca más o menos ¾ de taza de arroz. Amarre los muslos de las gallinas con cordón de algodón. Ponga las gallinas, con la pechuga hacia arriba, sobre la rejilla de una olla para asar. Barnice las gallinas con un poco de aceite. Ase de 35 a 45 minutos o hasta que el jugo salga transparente; bañe de vez en cuando con el resto del aceite.

3. Mientras tanto, en una cacerola chica, caliente el resto de la salsa de arándano hasta que se derrita. Saque las gallinas del horno; quite y deseche el cordón. Vierta la salsa de arándano sobre las gallinas.

Rinde 4 porciones

toque personal

PARA DAR UN TOQUE PERSONAL A LA MESA, EN CADA LUGAR PONGA UN MARCO CHICO CON LA FOTOGRAFÍA FAVORITA DE CADA COMENSAL. SI NO CUENTA CON FOTOGRAFÍAS DE TODOS, PONGA EL NOMBRE DE CADA INVITADO EN EL LUGAR DONDE SE SENTARÁ.

Costillar de Cordero Asado con Hierbas

½ taza de chutney de mango picado

2 o 3 dientes de ajo picados

2 costillares enteros de cordero (de 6 costillas cada uno) (de 1 a 1.350 kg)

1 taza de pan francés molido grueso

1 cucharada de tomillo fresco picado *o* 1 cucharadita de tomillo seco machacado

1 cuchara de romero fresco picado *o* 1 cucharadita de romero seco machacado

1 cucharada de orégano fresco picado *o* 1 cucharadita de orégano seco

1. Caliente el horno a 200 °C. En un recipiente chico, mezcle el chutney con el ajo; con una espátula delgada, unte uniformemente la mezcla en el lado carnoso del cordero. En otro recipiente chico, mezcle el resto de los ingredientes; distribuya la mezcla sobre el chutney y déle palmaditas para que se adhiera.

2. Ponga los costillares, con el lado del pan hacia arriba, sobre la rejilla de una olla para asar poco profunda. Inserte en el cordero un termómetro de lectura instantánea, sin tocar el hueso; ase en el horno durante unos 30 minutos o hasta que el termómetro registre 60 °C para término crudo o hasta que tenga el término que desee.

3. Ponga el cordero sobre una tabla para picar. Con un cuchillo para trinchar, corte entre las costillas en chuletas individuales. Adorne con hierbas frescas adicionales y rebanadas de mango, si lo desea. Sirva de inmediato.

Rinde 4 porciones

una mano amiga

EL CORDERO ALIMENTADO CON GRANOS TIENE UN SABOR MÁS SUAVE (Y ES MÁS ECONÓMICO) QUE EL CORDERO ALIMENTADO CON PASTOS.

Costillar de Cordero Asado con Hierbas

Corona de Cerdo Asada con Relleno de Durazno

- **1 corona de cerdo (de 3.150 a 3.600 kg) (de 12 a 16 costillas)**
- **1½ tazas de agua**
- **1 taza de margarina**
- **1 bolsa (435 g) de cubos de pan sazonados**
- **1 taza de apio picado**
- **2 cebollas medianas picadas**
- **1 lata (450 g) de duraznos (melocotones) rebanados, escurridos y picados, conserve el almíbar**
- **½ taza de uvas pasa sin semilla**

1. Ponga la corona, con las puntas de los huesos hacia arriba, sobre la rejilla de una olla para asar poco profunda. Haga una bola de papel de aluminio y métala en la cavidad para que la corona se mantenga abierta. Envuelva las puntas de los huesos con papel de aluminio. Ase a 160 °C, sin tapar, durante 2 horas; bañe de vez en cuando con la grasa que suelte el costillar.

2. En una olla grande, caliente el agua y ¾ de taza de margarina hasta que hierva; retire del fuego. Agregue los cubos de pan; revuelva un poco con un tenedor.

3. En una sartén grande, a fuego medio-alto, fría el apio y la cebolla en la margarina restante hasta que esté suave, durante unos 5 minutos.

4. Vierta en los cubos de pan la mezcla de apio, los duraznos con el almíbar y las uvas pasa; revuelva para mezclar bien.

5. Saque el papel de aluminio del centro de la corona. Ponga el relleno en la cavidad. Ase de 30 a 45 minutos más o hasta que el termómetro para carne registre 68 °C (la temperatura interna subirá a 70 °C al reposar). Cubra el relleno con papel de aluminio, si es necesario, para evitar que se dore de más. Durante los últimos 30 minutos de cocción, hornee el relleno sobrante en una cacerola engrasada y tapada.

Rinde de 12 a 16 porciones

Tiempo de Preparación: 45 minutos

Tiempo de Cocción: 2 horas y 30 minutos

Tiempo Total: 3 horas y 15 minutos

Corona de Cerdo Asada con Relleno de Durazno

clásicos genuinos y probados • clásicos genuinos y probados • clásicos genuinos y probados

clásicos genuinos y probados • clásicos genuinos y probados • clásicos genuinos y probados

Lomo Asado con Hierbas y Ajo

1 lomo de res, sin grasa (de 1.350 a 1.800 kg)

1 cucharada de granos de pimienta negra

2 cucharadas de albahaca fresca picada o 2 cucharaditas de albahaca seca machacada

4½ cucharaditas de tomillo fresco picado o 1½ cucharaditas de tomillo seco machacado

1 cucharada de romero fresco picado o 1 cucharadita de romero seco machacado

1 cucharada de ajo picado

Sal y pimienta negra (opcional)

1. Caliente el horno a 220 °C. Para conservar la forma de la carne, átela con cordón de algodón a intervalos de 3.5 cm.

2. En una bolsa chica de plástico, ponga los granos de pimienta; saque el exceso de aire; cierre la bolsa y aplane los granos de pimienta con el lado plano de un mazo para carne o con un rodillo hasta que se pulvericen.

3. Ponga la carne sobre la rejilla de una olla para asar poco profunda. En un recipiente chico, mezcle la pimienta pulverizada con la albahaca, el tomillo, el romero y el ajo; frote con la mezcla la superficie superior de la carne.

4. Inserte un termómetro para carne en la parte más gruesa del lomo. Ase en el horno de 40 a 50 minutos o hasta que el termómetro registre de 51 a 55 °C para término crudo, o de 57 a 62 °C para término medio, dependiendo del grosor de la carne.

5. Pase el asado a una tabla para picar; cúbralo con papel de aluminio. Deje reposar por 10 minutos antes de trincharlo. Quite y deseche el cordón. Para servir, trinche a lo ancho en rebanadas de 1.5 cm de grosor con un cuchillo grande para trinchar. Sazone con sal y pimienta.

Rinde de 10 a 12 porciones

Lomo Asado con Hierbas y Ajo

Pavo Relleno con Pan de Maíz y Hierbas

450 g de salchicha de cerdo

1½ tazas de cebolla picada

1 taza de apio picado

6 tazas de pan de maíz desmoronado (dos cuadros de 20 cm)

⅓ de taza de crema ligera

¼ de taza de jerez seco

1 cucharadita de tomillo seco

1 cucharadita de albahaca seca

1 cucharadita de orégano seco

½ cucharadita de ajo en polvo con perejil

1 pavo (de 6.300 a 7.200 kg) descongelado

Sal sazonada

En una sartén grande, cueza la salchicha hasta que esté dorada y se desmorone. Agregue la cebolla y el apio; cueza a fuego medio por 5 minutos o hasta que estén suaves. Incorpore el pan de maíz, la crema, el jerez, el tomillo, la albahaca, el orégano y el ajo en polvo. Frote las cavidades y el exterior del pavo con la sal sazonada; utilice alrededor de ¼ de cucharadita por cada 450 g de pavo. Meta el relleno en la cavidad del pavo. Cierre la cavidad con una aguja para brocheta. En la parte más gruesa de la pechuga, inserte un termómetro para carne, sin tocar los huesos. Ponga el pavo, con la pechuga hacia arriba, en la rejilla de una olla para asar. Ase, sin tapar, en el horno a 160 °C de 4 a 5 horas; bañe con frecuencia con la mantequilla derretida; o cubra con papel de aluminio y ponga sobre un asador caliente de 16 a 18 minutos por cada 450 g. Cuando la temperatura interna llegue a 84 °C, saque el pavo y déjelo reposar durante 20 minutos antes de trincharlo. (Si el pavo se dora demasiado, cúbralo con papel de aluminio flojo; tenga cuidado de no tocar el termómetro para carne.)

Rinde 10 porciones

Sugerencia para Servir: Adorne con hojas de limón y arándanos frescos enteros.

toque personal

Parte de la fórmula para tener una fiesta exitosa es invitar a amigos con diferentes caracteres. Demasiadas personalidades "estrella" en una fiesta puede ser perjudicial para sostener una buena conversación. Una regla de oro es tener oyentes que sobrepasen en número los conversadores en una proporción de 7 a 1, aproximadamente.

clásicos genuinos y probados • clásicos genuinos y probados • clásicos genuinos y probados

Cerdo Asado a la Mostaza

3 cucharadas de mostaza Dijon

4 cucharaditas de ajo picado

2 filetes de lomo de cerdo enteros, sin grasa, de unos 450 g cada uno

2 cucharadas de tomillo seco

1 cucharadita de pimienta negra molida

½ cucharadita de sal

450 g de espárragos sin los extremos

2 pimientos morrones rojos o amarillos (o uno de cada uno), cortados a lo largo en tiras de 1.5 cm de ancho

1 taza de consomé de pollo, sin grasa

1. Caliente el horno a 190 °C. En un recipiente chico, mezcle la mostaza y 3 cucharaditas de ajo. Ponga los lomos sobre papel encerado; unte uniformemente la mezcla de mostaza encima y en los costados de la carne. En otro recipiente chico, combine el tomillo, la pimienta negra y la sal; reserve 1 cucharadita de la mezcla y distribuya equitativamente el resto sobre la carne, dando palmadas ligeras para que se adhieran los sazonadores a la mostaza. Ponga los lomos sobre la rejilla de una olla para asar poco profunda. Ase por 25 minutos.

2. En una cacerola o en un refractario de 33×23 cm, acomode el espárrago y el pimiento morrón en una sola capa. Agregue ¼ de taza de consomé, la mezcla de tomillo que reservó y el ajo restante; revuelva para cubrir.

3. Ase las verduras en el horno junto con el cerdo, de 15 a 20 minutos o hasta que el termómetro insertado en el centro del cerdo registre 70 °C y estén suaves las verduras. Pase la carne a una tabla para picar; cúbrala con papel de aluminio y déjela reposar durante 5 minutos. Acomode las verduras en un platón; conserve el jugo en la cacerola; tápelo y consérvelo caliente. A la olla para asar agregue el consomé restante y el jugo de la cacerola; ponga en la estufa. Deje cocer de 3 a 4 minutos a fuego medio-alto o hasta que el jugo se reduzca a ¾ de taza; revuelva con frecuencia. Trinche el lomo a lo ancho en rebanadas de .5 cm; acomode sobre el platón. Vierta el jugo sobre el lomo y las verduras.

Rinde 8 porciones

Lomo de Cerdo Asado Coronado con Manzana

1¼ tazas más 2 cucharadas de marinada de nogal americano con sidra de manzana

1.125 kg de lomo de cerdo

1 lata (600 g) de relleno de manzana para pay o de puré de manzana

En una bolsa grande de plástico, mezcle 1 taza de la marinada y el lomo; cierre la bolsa. Marine en el refrigerador durante 30 minutos por lo menos. Saque el lomo; deseche la marinada. Ase el lomo, utilizando el método de fuego indirecto, por 35 minutos o hasta que pierda su color rosado en el centro; voltee una vez y bañe a menudo con ¼ de taza de escabeche. Deje reposar durante 10 minutos antes de trinchar. En una cacerola mediana, mezcle las 2 cucharadas adicionales de escabeche y el relleno de manzana para pay. Cueza a fuego bajo hasta que esté bien caliente. Sirva sobre las rebanadas de lomo. *Rinde de 6 a 8 porciones*

Sugerencia: Puede sustituir el relleno para pay con diferentes purés de manzana. Pruebe el puré de manzana con trozos con azúcar morena y canela.

Pollo Vesubio

1 pollo entero (1.700 kg, aproximadamente)

¼ de taza de aceite de oliva

3 cucharadas de jugo de limón

4 dientes de ajo picados

3 papas (patatas) grandes

Sal y sazonador de limón y pimienta

Caliente el horno a 190 °C. Ponga el pollo, con la pechuga hacia abajo, sobre la rejilla de una olla grande para asar. Mezcle el aceite de oliva con el jugo de limón y el ajo; barnice la parte superior del pollo con la mitad de la mezcla. Deje a un lado el resto de la mezcla de aceite. Ase el pollo, sin tapar, por 30 minutos.

Mientras tanto, pele las papas; córtelas a lo largo en cuartos. Gire el pollo, para que la pechuga quede hacia arriba. Acomode las papas alrededor del pollo en la olla para asar. Barnice el pollo y las papas con el resto de la mezcla de aceite; espolvoree con sal y sazonador de limón y pimienta al gusto. Ase el pollo y las papas, bañando de vez en cuando con el jugo de la olla, durante 50 minutos o hasta que el termómetro para carne insertado en la parte más gruesa del muslo del pollo, sin tocar el hueso, registre 80 °C y las papas estén suaves. *Rinde de 4 a 6 porciones*

Lomo de Cerdo Asado Coronado con Manzana

clásicos genuinos y probados • clásicos genuinos y probados • clásicos genuinos y probados

clásicos genuinos y probados • clásicos genuinos y probados • clásicos genuinos y probados

Jamón al Horno con Compota de Arándano al Vino

- 2 cucharaditas de aceite de cacahuate (maní)
- ⅔ de taza de cebolla picada
- ½ taza de apio picado
- 1 taza de vino tinto
- 1 taza de miel
- ½ taza de azúcar
- 360 g de arándano rojo fresco
- 1 jamón ahumado cocido (4.500 kg)
- Clavos enteros
- Naranjas chinas y hojas de grosella para adornar

1. Para preparar la Compota de Arándano al Vino, en una cacerola caliente el aceite; agregue la cebolla y el apio. Cueza hasta que estén suaves; revuelva con frecuencia. Incorpore el vino, la miel y el azúcar; ponga a hervir. Agregue el arándano y deje que vuelva a hervir; reduzca el fuego a bajo; tape y deje cocer por 10 minutos. Deje enfriar.

2. Con cuidado, vierta 1 taza de jarabe de la mezcla de arándano en una taza medidora de vidrio. Pase el resto de la mezcla de arándano a un recipiente chico; tape y refrigere.

3. Con un cuchillo afilado, desprenda la piel del jamón.

4. Caliente el horno a 160 °C. Con un cuchillo afilado, haga incisiones en la grasa del jamón formando diamantes; inserte un clavo entero en cada diamante. Ponga el jamón, con la grasa hacia arriba, sobre la rejilla de una olla para asar, poco profunda.

5. Inserte un termómetro para carne en la parte más gruesa del jamón; hornee, sin tapar, durante 1½ horas. Bañe el jamón con el jarabe de arándano que reservó. Hornee hasta que el termómetro registre 68 °C; bañe dos veces con el jarabe de arándano.*

6. Deje reposar el jamón durante 10 minutos antes de pasarlo a un platón caliente. Rebane el jamón con un cuchillo. Sirva el jamón caliente con la Compota de Arándano al Vino fría, si lo desea.

Rinde de 16 a 20 porciones

**El tiempo total de cocción para el jamón debe ser de 18 a 24 minutos por cada 450 g.*

una mano amiga

La naranja china se cultiva en China, Japón y Estados Unidos. La cáscara de esta diminuta fruta es dulce, en tanto que la carne es seca y agria. La carne y la cáscara son comestibles.

Jamón al Horno con Compota de Arándano al Vino

Papas Suizas Horneadas Dos Veces

4 papas (patatas) grandes con forma semejante (1.125 kg, aproximadamente)

4 cucharaditas de mantequilla o margarina suavizada

⅔ de taza de queso Emmentaler rallado*

⅔ de taza de queso Gruyère rallado*

½ cucharadita de semillas de alcaravea (opcional)

4 cucharaditas de vino blanco seco

2 cucharaditas de kirsch (licor de cereza)

½ cucharadita de ajo picado

½ cucharadita de sal

**Los quesos Emmentaler y Gruyère son quesos suizos importados que tienden a estar más añejados que los quesos suizos nacionales. Si no los encuentra, puede utilizar cualquier tipo de queso suizo.*

1. Caliente el horno a 220 °C. Lave las papas y séquelas bien. Frótelas con 1 cucharadita de mantequilla. Con un tenedor, píquelas varias veces. Póngalas en un refractario a unos 2.5 cm de distancia entre sí. Hornee de 50 a 60 minutos o hasta que estén suaves. Deje enfriar por varios minutos.

2. Mientras tanto, en un recipiente chico, coloque los quesos y las semillas de alcaravea; revuelva bien.

3. Corte horizontalmente ⅓ de la parte superior de las papas. Saque la pulpa de las papas hasta dejar .5 cm de fondo. Ponga la pulpa en un recipiente grande; conserve la papa hueca. Agregue también la pulpa de las tapas de las papas; deseche la cáscara de la parte superior.

4. Machaque la papa hasta obtener puré. Vierta el vino, el kirsch, el ajo y la sal. Revuelva y después añada la mezcla de queso. Revuelva sólo lo suficiente para mezclar bien todos los ingredientes. Rellene las cáscaras de papa; acomode la mezcla equitativamente.

5. De nuevo ponga las papas en el refractario y hornéelas de 20 a 25 minutos más hasta que la parte superior esté un poco dorada y las papas estén bien calientes. Sírvalas calientes sobre un platón cubierto con col blanca, si lo desea.

Rinde 4 porciones

Papas Suizas Horneadas Dos Veces

Calabazas al Horno

2 calabazas Acorn medianas

2 manzanas rojas cortadas en cubos

½ taza de nuez picada

½ taza de jalea de manzana

¼ de taza de mantequilla

Corte las calabazas por la mitad a lo ancho o a lo largo; quite la pulpa. Acomódelas sobre un refractario. Mezcle la manzana con la nuez, la jalea y la mantequilla. Rellene las calabazas. Vierta un poco de agua hirviente en el refractario alrededor de las calabazas y cúbralo con papel de aluminio.

Hornee a 200 °C de 45 a 60 minutos o hasta que se sientan suaves cuando las pique con un tenedor. Quite el papel de aluminio durante los últimos 5 minutos en el horno. *Rinde 4 porciones*

Ejotes con Queso Blue Cheese y Pimiento

1 bolsa (560 g) de ejotes (judías verdes)

90 g de rajas de pimiento morrón rojo asado, en tiras

1/8 de cucharadita de sal y de pimienta blanca

120 g de queso crema

½ taza de leche

¾ de taza de queso blue cheese desmenuzado

½ taza de pan molido

1 cucharada de margarina

Caliente el horno a 180 °C. Con aceite en aerosol, rocíe un molde ovalado de 2 litros de capacidad.

En el molde, ponga los ejotes, el pimiento rojo, la sal y la pimienta; mezcle.

En una olla chica, coloque el queso crema y la leche; caliente a fuego bajo y revuelva hasta que se derrita. Agregue el queso blue cheese; revuelva bien. Vierta la mezcla de queso sobre las verduras y revuelva hasta bañarlas por completo.

En un recipiente chico, mezcle el pan molido con la margarina; distribuya uniformemente sobre el molde.

Hornee, sin tapar, durante 20 minutos o hasta que esté caliente y burbujee. *Rinde 4 porciones*

Ejotes con Queso Blue Cheese y Pimiento

clásicos genuinos y probados • clásicos genuinos y probados • clásicos genuinos y probados

clásicos genuinos y probados • clásicos genuinos y probados • clásicos genuinos y probados

Soufflé Clásico de Espinaca

- **450 g de hojas de espinaca fresca**
- **¼ de taza de mantequilla o margarina**
- **2 cucharadas de cebolla finamente picada**
- **¼ de taza de harina de trigo**
- **¼ de cucharadita de sal**
- **¼ de cucharadita de nuez moscada molida**
- **⅛ de cucharadita de pimienta negra**
- **1 taza de leche**
- **4 huevos separados**
- **1 taza (120 g) de queso cheddar rallado**

1. Caliente el horno a 190 °C. Engrase un molde para soufflé de 1½ o 2 litros de capacidad.

2. En una olla de 2 litros de capacidad, ponga a hervir a fuego alto 1 litro de agua con sal. Agregue la espinaca; deje que vuelva a hervir y se cueza de 2 a 3 minutos o hasta que la espinaca esté suave. Escurra la espinaca y de inmediato sumérjala en agua fría. Escurra la espinaca y déjela reposar hasta que esté lo suficientemente fría para manejarla. Exprímala para eliminar el exceso de humedad. Píquela finamente.

3. En una cacerola grande, derrita la mantequilla a fuego medio. Agregue la cebolla; fríala de 2 a 3 minutos. Incorpore la harina, la sal, la nuez moscada y la pimienta. Vierta gradualmente la leche. Cueza y revuelva hasta que la mezcla hierva y se espese. Retire del fuego.

4. Incorpore las yemas de huevo y revuelva hasta que se incorporen. Agregue la espinaca y el queso; mezcle bien.

5. En el tazón grande de la batidora eléctrica, bata las claras de huevo a velocidad alta hasta que se formen picos duros. Ponga las claras en la mezcla de espinaca e incorpórela de manera envolvente. Vierta en el molde que preparó.

6. Hornee de 35 a 40 minutos o hasta que se esponje y que, al insertar en el centro una aguja de madera para brocheta, ésta salga limpia. Adorne, si lo desea. Sirva de inmediato.

Rinde 4 porciones

Soufflé Clásico de Espinaca

Verduras Asadas

4 papas (patatas) grandes cortadas en rebanadas (más o menos 1 kg)

3 zanahorias grandes, peladas y cortadas en trozos de 4 cm (unas 2 tazas)

3 chirivías grandes, peladas y cortadas en trozos de 4 cm (unas 2 tazas)

2 cebollas grandes cortadas en rebanadas

1 cucharada de romero seco

2 cucharaditas de ajo en polvo

¼ de taza de margarina derretida

1. En un recipiente grande, mezcle la papa, la zanahoria, la chirivía y la cebolla con el romero y el ajo en polvo.

2. Encima rocíe la margarina derretida; revuelva para bañar uniformemente. Distribuya en un refractario de 33×23×5 cm.

3. Hornee a 230 °C durante 40 a 45 minutos o hasta que las verduras se sientan suaves cuando las pique con un tenedor; revuelva de vez en cuando.

Rinde 8 porciones

Tiempo de Preparación: 15 minutos

Tiempo de Cocción: 40 minutos

Tiempo Total: 55 minutos

una mano amiga

LA CHIRIVÍA ES UNA RAÍZ QUE PUEDE ENCONTRAR TODO EL AÑO, PERO LA MEJOR ÉPOCA PARA CONSUMIRLA ES DURANTE LOS MESES DE OTOÑO E INVIERNO. LA PRIMERA HELADA DEL AÑO CONVIERTE EL ALMIDÓN DE LA CHIRIVÍA EN AZÚCAR, LO QUE LE DA UN SABOR DULCE SUAVE.

Verduras Asadas

clásicos genuinos y probados • clásicos genuinos y probados • clásicos genuinos y probados

clásicos genuinos y probados • clásicos genuinos y probados • clásicos genuinos y probados

Ensalada de Espinaca con Toronja

- **1 bolsa (300 g) de espinaca lavada, cocida al vapor y picada**
- **2 tazas de champiñones rebanados**
- **½ cebolla morada en rebanadas delgadas**
- **6 rebanadas de tocino crudo cortado en tiras delgadas**
- **2 cucharaditas de fécula de maíz**
- **½ taza de vinagre de sidra**
- **3 cucharadas de azúcar**
- **3 cucharadas de mostaza oscura**
- **1 cucharadita de salsa inglesa**
- **2 toronjas rosadas, peladas y separadas en gajos**

1. Ponga la espinaca en una ensaladera grande. Agregue los champiñones y la cebolla. En una sartén con recubrimiento antiadherente, fría el tocino a fuego medio-alto hasta que esté crujiente. Escúrralo; conserve 2 cucharadas de la grasa en la sartén.

2. En una taza medidora de 2 tazas de capacidad, mezcle ½ taza de agua y la fécula de maíz; revuelva hasta que se disuelva. Vierta el vinagre, el azúcar, la mostaza y la salsa inglesa. Ponga en la sartén con la grasa del tocino. Hierva; deje cocer por 2 minutos o hasta que se espese; revuelva sin cesar. Deje enfriar un poco. Encima de la ensalada, ponga el tocino y la toronja. Vierta el aderezo sobre la ensalada; revuelva bien para que se bañe toda la ensalada. Sirva de inmediato.

Rinde de 6 a 8 porciones

Tiempo de Preparación: 25 minutos

Tiempo de Cocción: 10 minutos

una mano amiga

SI CONGELA UN POCO EL TOCINO ES MÁS FÁCIL CORTARLO; ASÍ SE EVITA QUE SE RASGUEN LAS REBANADAS DELGADAS.

Ensalada de Espinaca con Toronja

clásicos genuinos y probados • clásicos genuinos y probados • clásicos genuinos y probados

Camote al Brandy con Pasas

½ taza de uvas pasa

¼ de taza de brandy

4 camotes (batatas) medianos, hervidos hasta que apenas estén suaves; pélelos y córtelos en rebanadas de .5 cm de grosor

⅔ de taza compacta de azúcar morena

¼ de taza de margarina

2 cucharadas de agua

¼ de cucharadita de canela molida

1. En un recipiente, mezcle las uvas pasa con el brandy; deje reposar por 20 minutos y después escurra.

2. En un refractario de 23×23×5 cm, acomode el camote en capas; corone con las uvas pasa.

3. Mezcle el azúcar morena, la margarina, el agua y la canela en una cacerola chica; ponga a hervir. Vierta sobre el camote.

4. Hornee en el horno caliente a 180 °C durante 40 minutos; de vez en cuando, bañe con el jugo del refractario.

Rinde de 4 a 6 porciones

Tiempo de Preparación: 20 minutos

Tiempo de Cocción: 40 minutos

Tiempo Total: 1 hora

Camote al Brandy con Pasas

clásicos genuinos y probados • clásicos genuinos y probados • clásicos genuinos y probados
clásicos genuinos y probados • clásicos genuinos y probados • clásicos genuinos y probados

clásicos genuinos y probados • clásicos genuinos y probados • clásicos genuinos y probados
clásicos genuinos y probados • clásicos genuinos y probados • clásicos genuinos y probados

Verduras con Crema de Queso

1 lata (300 ml) de crema de queso condensada

½ taza de crema agria

¼ de taza de leche

1 bolsa (450 g) de mezcla de verduras congeladas, como brócoli, elote (maíz) y pimiento morrón rojo; descongele y escurra

1 bolsa (450 g) de mezcla de verduras congeladas, como col de Bruselas, zanahoria y coliflor; descongele y escurra

1 taza (120 g) de queso cheddar rallado

1⅓ tazas de aros de cebolla

Instrucciones para Horno de Microondas: En un recipiente grande, mezcle la sopa, la crema agria y la leche. Incorpore las verduras, el queso cheddar y ⅔ de taza de los aros de cebolla. Pase a un molde ovalado de 2 litros de capacidad para microondas.

Cubra, sin apretar, con envoltura de plástico. Meta al horno de microondas a temperatura ALTA por 10 minutos o hasta que las verduras estén suaves y la mezcla esté bien caliente; revuelva a la mitad del tiempo de cocción. Desenvuelva; distribuya encima los aros de cebolla restantes. Vuelva a hornear a temperatura ALTA durante 1 minuto más o hasta que los aros de cebolla estén dorados.

Rinde de 8 a 10 porciones

Instrucciones para Horno: Prepare las verduras como se indica arriba. Hornee, tapado, en el horno a 200 °C por 45 minutos o hasta que las verduras estén suaves y la mezcla esté bien caliente. Revuelva; distribuya encima el resto de la cebolla: Hornee, sin tapar, durante 1 minuto más.

Tiempo de Preparación: 10 minutos

Tiempo de Cocción: 11 minutos

toque personal

¡ES FÁCIL DE LLEVAR! PUEDE COMPARTIR ESTA SENCILLA GUARNICIÓN EN LAS COMIDAS CON SUS AMIGOS. SIMPLEMENTE PREPÁRELA EN UNA CACEROLA CON TAPA AJUSTADA Y LLÉVELA A SU PROXIMA COMIDA.

Verduras con Crema de Queso

Maque Choux de Elote

- **2 cucharadas de mantequilla**
- **½ taza de cebolla picada**
- **½ taza de pimiento morrón verde picado**
- **4 tazas de granos de elote (maíz)**
- **1 tomate rojo mediano picado**
- **¼ de cucharadita de sal**
- **½ cucharadita de salsa picante**

En una cacerola de 3 litros de capacidad, derrita la mantequilla a fuego medio. Agregue la cebolla y el pimiento morrón; cueza durante 5 minutos o hasta que estén suaves; revuelva con frecuencia.

Incorpore el elote, el tomate, la sal y la salsa picante.

Baje el fuego y deje cocer de 10 a 15 minutos o hasta que el elote esté suave. *Rinde 3 tazas*

Zanahoria Glaseada con Naranja

- **450 g de zanahoria miniatura**
- **⅓ de taza de mermelada de naranja**
- **2 cucharadas de mantequilla**
- **2 cucharaditas de mostaza**
- **½ cucharadita de jengibre fresco rallado**

Caliente a fuego alto un fondo de 2.5 cm de agua ligeramente salada hasta que hierva; agregue la zanahoria. Deje que vuelva a hervir y luego reduzca el fuego a bajo. Tape y deje cocer de 10 a 12 minutos si la zanahoria es fresca o de 8 a 10 minutos si es congelada, hasta que se sienta suave. Escurra bien; regrese la zanahoria a la cacerola. Incorpore la mermelada, la mantequilla, la mostaza y el jengibre. Deje cocer, sin tapar, a fuego medio durante 3 minutos o hasta que la zanahoria esté glaseada; revuelva de vez en cuando. *Rinde 6 porciones*

Pilaf de Arroz Salvaje y Lenteja

- **4½ tazas de agua**
- **¾ de taza de lenteja seca, limpia, enjuagada y escurrida**
- **1 cucharada más 2 cucharaditas de aceite de oliva extra virgen**
- **2 tazas de cebolla finamente picada**
- **1 pimiento morrón rojo mediano picado**
- **1 taza de apio en rebanadas delgadas**
- **4 dientes de ajo picados**
- **½ cucharadita de orégano seco**
- **½ cucharadita de sal**
- **Pizca de pimienta roja molida (opcional)**
- **1 caja (180 g) de arroz blanco y arroz salvaje de cocción rápida con sobre de sazonador**

En una cacerola mediana, ponga a hervir 4 tazas de agua. Incorpore la lenteja y deje que vuelva a hervir. Reduzca el fuego a bajo y deje cocer, sin tapar, por 10 minutos.

Mientras tanto, ponga al fuego una sartén con recubrimiento antiadherente a fuego medio-alto hasta que esté caliente. Rocíe la sartén con aceite en aerosol. Agregue 2 cucharaditas de aceite e incline la sartén para cubrir bien el fondo. Añada la cebolla, el pimiento morrón, el apio, el ajo y el orégano; fría durante 12 minutos o hasta que el apio esté suave; revuelva con frecuencia. Incorpore el agua restante, la sal y la pimienta roja molida.

Después de 10 minutos de cocción, incorpore la lenteja al arroz y vierta el sobre de sazonador. Tape bien y deje cocer por 5 minutos. Retire del fuego. Incorpore la mezcla de cebolla y el aceite restante; revuelva un poco.

Rinde 7 porciones (de 1 taza)

Variante: Si quiere presentar un platillo más decorativo, rocíe con aceite en aerosol un molde de 6 tazas de capacidad. Ponga la mezcla de arroz en el molde y compáctelo con suavidad, pero firmemente, para permitir que se pegue el arroz. Ponga un plato extendido sobre el molde e invierta el molde sobre el plato. Déle unos golpes muy ligeros en el costado y en la parte superior para que se desprenda el arroz y retire lentamente el molde. Adorne con tiras de pimiento morrón rojo.

Papas Gratinadas

- **450 g de papa (patata)**
- **4 cucharaditas de margarina baja en calorías**
- **4 cucharaditas de harina de trigo**
- **1¼ tazas de leche sin grasa (descremada)**
- **¼ de cucharadita de nuez moscada molida**
- **¼ de cucharadita de pimentón**
- **Pizca de pimienta blanca molida**
- **½ taza de cebolla morada en rebanadas delgadas**
- **⅓ de taza de pan de trigo entero molido**
- **1 cucharada de cebolla morada finamente picada**
- **1 cucharada de queso parmesano rallado**

1. Con aceite en aerosol, rocíe un molde de 4 o 6 tazas de capacidad.

2. En una olla grande, ponga las papas; cúbralas con agua. Ponga a hervir a fuego alto; deje hervir durante 12 minutos o hasta que las papas estén suaves. Escúrralas, déjelas reposar por 10 minutos o hasta que estén lo suficientemente frías para manejarlas.

3. Derrita la mantequilla en una cacerola chica a fuego medio. Agregue la harina; fría por 3 minutos o hasta que se formen pequeños grumos. Vierta gradualmente la leche y revuelva; deje cocer durante 8 minutos o hasta que la salsa se espese; revuelva sin cesar. Retire la cacerola del fuego. Incorpore la nuez moscada, el pimentón y la pimienta.

4. Caliente el horno a 180 °C. Corte las papas en rebanadas delgadas. Acomode la mitad de las rebanadas en el molde que preparó. Espolvoree con la mitad de las rebanadas de cebolla. Repita las capas. Vierta la salsa sobre las papas. En un recipiente chico, mezcle el pan molido, la cebolla morada y el queso. Espolvoree la mezcla equitativamente sobre la salsa.

5. Hornee durante 20 minutos. Deje reposar por 5 minutos antes de servir. Adorne a su gusto. *Rinde 4 porciones*

Papas Gratinadas

clásicos genuinos y probados • clásicos genuinos y probados • clásicos genuinos y probados
clásicos genuinos y probados • clásicos genuinos y probados • clásicos genuinos y probados

clásicos genuinos y probados • clásicos genuinos y probados • clásicos genuinos y probados

Ensalada de Espinaca con Tocino y Champiñones

- **1 manojo grande de espinaca fresca picada**
- **¾ de taza de champiñones rebanados**
- **4 rebanadas de tocino frito y desmenuzado**
- **¾ de taza de croutones (trozos de pan tostado)**
- **4 huevos duros picados**
- **Pimienta negra al gusto**
- **¾ de taza de aderezo para ensalada estilo Ranch**

En una ensaladera mediana, mezcle la espinaca, los champiñones y el tocino; revuelva. Encima distribuya los croutones y el huevo; sazone con la pimienta. Encima vierta el aderezo para ensalada.

Rinde 6 porciones

una mano amiga

PARA QUE LOS HUEVOS QUEDEN BIEN Y NO CORREOSOS, PÓNGALOS EN UNA SOLA CAPA EN UNA CACEROLA Y CÚBRALOS CON 2.5 CM DE AGUA POR LO MENOS. HIÉRVALOS, RETÍRELOS DEL FUEGO Y DÉJELOS REPOSAR DE 15 A 17 MINUTOS ANTES DE ESCURRIRLOS Y ENFRIARLOS.

Ensalada de Espinaca con Tocino y Champiñones

clásicos genuinos y probados • clásicos genuinos y probados • clásicos genuinos y probados

clásicos genuinos y probados • clásicos genuinos y probados • clásicos genuinos y probados

Arroz con Ejote y Almendra

1 cucharada de mantequilla

½ taza de almendra rebanada

½ taza de cebolla picada

⅓ de taza de pimiento morrón rojo picado

3 tazas de arroz integral cocido (cocido con caldo de res)

1 bolsa (300 g) de ejotes (judías verdes)

⅛ a ¼ de cucharadita de pimienta blanca molida

¼ de cucharadita de estragón machacado

En una sartén grande, derrita la mantequilla a fuego medio-alto. Agregue la almendra; fríala hasta que se dore un poco. Añada la cebolla y el pimiento morrón; cueza por 2 minutos o hasta que estén suaves. Incorpore el arroz, el ejote, la pimienta blanca y el estragón. Revuelva hasta que todo esté bien caliente.

Rinde 8 porciones

toque personal

Con un poco de imaginación, hasta los cubos de hielo pueden ser decorativos. Por ejemplo, corte limones, limas y naranjas en rebanadas delgadas y póngalas en charolas para hielo y sírvalos con ponche, té helado o jugo.

clásicos genuinos y probados • clásicos genuinos y probados • clásicos genuinos y probados

Gelatina Mimosa

- **1½ tazas de agua hirviente**
- **1 caja (para 8 porciones) o 2 cajas (para 4 porciones) de gelatina de limón**
- **2 tazas de agua mineral fría**
- **300 g de gajos de mandarina**
- **1 taza de fresas rebanadas**

VIERTA el agua hirviente en un recipiente grande sobre la gelatina; revuelva durante 2 minutos por lo menos o hasta que se disuelva por completo. Refrigere por 15 minutos. Con suavidad, vierta el agua mineral. Refrigere durante unos 30 minutos o hasta que espese un poco (consistencia de claras de huevo sin batir). Revuelva ligeramente por unos 15 segundos; después, agregue la mandarina y la fresa. Vierta en un molde de 6 tazas de capacidad.

REFRIGERE durante 4 horas o hasta que esté firme. Desmolde. Adorne, si lo desea. Guarde el sobrante en el refrigerador.

Rinde 12 porciones

Consejo: Para desmoldar, sumerja el molde en agua caliente durante unos 15 segundos. Con delicadeza, desprenda la gelatina de la orilla con los dedos húmedos. Ponga un platón húmedo sobre el molde. Inviértalo sobre el platón; sostenga el molde y el platón juntos; sacuda un poco para que se desprenda. Con suavidad, retire el molde y centre la gelatina en el platón.

Gelatina de Lima y Piña

- **1 lata (570 g) de piña en trozos**
- **2 cajas (de 90 g cada una) de gelatina de lima**
- **2 tazas de agua hirviente**
- **1 taza de crema agria**
- **½ taza de nuez picada**
- **½ taza de apio picado**

Escurra la piña y conserve el almíbar. Disuelva la gelatina en el agua hirviente. Agregue la crema agria y el almíbar. Refrigere hasta que esté un poco espesa. Incorpore la piña, la nuez y el apio. Vierta en un molde de 7 tazas de capacidad. Refrigere hasta que cuaje.

Rinde 8 porciones

Gelatina Mimosa

Torta de Moras

470 g (2½ tazas) de frambuesa fresca

470 g (2½ tazas) de arándano negro o fresa fresca, rebanada

2 cucharadas de fécula de maíz

½ a ¾ de taza de azúcar

1 taza de harina de trigo

1½ cucharaditas de polvo para hornear

¼ de cucharadita de sal

⅓ de taza de leche

⅓ de taza de mantequilla o margarina derretida

2 cucharadas de jugo de manzana concentrado descongelado

¼ de cucharadita de nuez moscada molida

1. Caliente el horno a 190 °C.

2. En un recipiente mediano, mezcle las moras con la fécula de maíz; revuelva un poco para cubrirlas. Agregue azúcar al gusto; revuelva bien. Pase a un refractario de 1½ litros de capacidad o a uno cuadrado de 20 cm. En un recipiente mediano, mezcle la harina, el polvo para hornear y la sal. Vierta la leche, la mantequilla y el jugo concentrado; mezcle sólo hasta que se hayan humedecido los ingredientes secos. Vierta uniformemente 6 cucharadas abundantes de la pasta sobre las moras; espolvoree encima la nuez moscada.

3. Hornee durante 25 minutos o hasta que el pan esté dorado y la fruta burbujee. Deje enfriar sobre una rejilla de alambre. Sirva caliente o a temperatura ambiente. *Rinde 6 porciones*

una mano amiga

A MENUDO, LAS TORTAS DE FRUTAS SON CONFUNDIDAS CON OTROS POSTRES HORNEADOS. LA TORTA DE FRUTA ES UN POSTRE HORNEADO QUE SE CORONA CON UNA CORTEZA DE PAN Y SE ESPOLVOREA CON AZÚCAR. A PESAR DEL NOMBRE QUE SE LE DÉ, ESTE POSTRE ES APROPIADO PARA FIESTAS DE OTOÑO E INVIERNO.

Torta de Moras

Pan Tradicional de Jengibre

- **2 cucharadas de margarina**
- **⅓ de taza compacta de azúcar morena**
- **¼ de taza de sustituto de huevo sin colesterol**
- **¼ de taza de suero de leche**
- **2 tazas de harina de trigo**
- **1½ cucharaditas de bicarbonato de sodio**
- **1½ cucharaditas de jengibre molido**
- **1 cucharadita de canela molida**
- **½ cucharadita de sal**
- **1 cucharada de café instantáneo descafeinado**
- **1 taza de agua caliente**
- **½ taza de melaza**
- **¼ de taza de miel**
- **1 frasco (70 g) de puré de ciruela**
- **Crema batida baja en grasa**

1. Caliente el horno a 180 °C. Con aceite en aerosol, rocíe un molde cuadrado de 23 cm o uno rectangular de 28×18 cm.

2. En un recipiente mediano, mezcle la margarina, el azúcar morena, el sustituto de huevo y el suero de leche. Mezcle la harina, el bicarbonato de sodio, el jengibre, la canela y la sal en un recipiente grande. En un recipiente chico, disuelva el café en el agua caliente. Incorpore la melaza, la miel y el puré de ciruela.

3. A la mezcla de margarina, añada la de harina alternándola con la de café. La pasta queda grumosa. No bata de más.

4. Vierta la pasta en el molde que preparó. Hornee de 40 a 45 minutos o hasta que, al insertar en el centro un palillo de madera, éste salga limpio. Deje enfriar en el molde sobre una rejilla de alambre. Antes de servir, corone con crema batida, si lo desea.

Rinde 8 porciones

toque personal

Los mejores recuerdos de las fiestas provienen de las tradiciones. La única regla de las buenas tradiciones es que se repiten y se esperan con ilusión cada año. Sea sensible a las reacciones de sus invitados para ayudarse a determinar qué variantes (como los platillos del menú o el horario) serán todo un éxito año con año.

Pan Tradicional de Jengibre

clásicos genuinos y probados • clásicos genuinos y probados • clásicos genuinos y probados

Pay de Cereza

- **4 tazas de cereza congelada**
- **1 taza de cereza seca**
- **1 taza de azúcar**
- **2 cucharadas de tapioca de cocción rápida**
- **½ cucharadita de extracto de almendra**
- **Pasta para 2 cortezas para pay de 23 cm de diámetro**
- **¼ de cucharadita de nuez moscada**
- **1 cucharada de mantequilla**

En un recipiente grande, mezcle la cereza congelada con la cereza seca, el azúcar, la tapioca y el extracto de almendra; revuelva bien (no es necesario descongelar la cereza antes de utilizarla). Deje reposar por 15 minutos.

Forre un molde de 23 cm de diámetro con la pasta; rellene con la mezcla de cereza. Espolvoree con la nuez moscada. Salpique con la mantequilla. Cubra con la pasta o corte la pasta en tiras y acomódelas en forma de rejilla.

Hornee en el horno caliente a 190 °C durante 1 hora o hasta que la corteza esté dorada y el relleno esté burbujeante. Si es necesario, cubra la orilla de la corteza con papel de aluminio para evitar que se queme. *Rinde 8 porciones*

Pay de Cereza

Budín Tradicional de Pan

- **2 tazas de leche sin grasa**
- **4 claras de huevo**
- **3 cucharadas de azúcar**
- **2 cucharadas de margarina derretida**
- **1 cucharada de vainilla**
- **2 cucharaditas de canela en polvo**
- **12 rebanadas de pan de trigo entero, cortadas en cubos de 1.5 cm**
- **½ taza de uvas pasa**
- **½ taza de manzana seca picada**

1. Caliente el horno a 180 °C. Con aceite en aerosol, rocíe un refractario de 2 litros de capacidad. En un recipiente grande, mezcle la leche, las claras de huevo, el azúcar, la margarina, la vainilla y la canela; revuelva bien. Agregue el pan, las uvas pasa y la manzana seca. Deje reposar por 5 minutos.

2. Vierta la mezcla en el refractario que preparó. Hornee durante 35 minutos o hasta que esté bien dorado. Deje enfriar en el molde sobre una rejilla de alambre.

Rinde 12 porciones

Budín Tradicional de Pan

Pay Boston Cremoso

1 caja de harina para torta de vainilla

4 envases (de 100 g cada uno) de budín de vainilla listo para comer

1 lata de betún cremoso de chocolate

1. Caliente el horno a 180 °C. Engrase y enharine dos moldes redondos de 20 o 23 cm de diámetro.

2. Prepare, hornee y deje enfriar las tortas siguiendo las instrucciones de la receta básica de la caja.

3. Para armar las tortas, ponga las capas en un platón. Corte horizontalmente las capas por la mitad. Unte el contenido de 2 envases de budín de vainilla en la capa inferior de una torta. Ponga la capa superior sobre el relleno. Repita el procedimiento con la otra torta. Destape y quite el papel de aluminio de la lata del betún de chocolate. Caliéntelo en el horno de microondas a temperatura ALTA (100%) de 25 a 30 segundos. Revuelva. (El betún debe quedar fluido.) Unte la mitad del betún de chocolate encima de cada torta. Refrigere hasta el momento de servir.

Rinde de 12 a 16 porciones

Galletas Clásicas de Mantequilla y Almendra

1 taza (2 barras) de margarina

½ taza de azúcar glass

½ cucharadita de extracto de almendra

1¾ tazas de harina de trigo

½ taza de almendras finamente picadas

Azúcar glass adicional

En la batidora eléctrica, bata la mantequilla con ½ taza de azúcar hasta que esté ligera y esponjosa, durante unos 5 minutos. Incorpore el extracto de vainilla y después la harina hasta que se mezclen. Añada la almendra. Ponga la masa en envoltura de plástico y forme un círculo plano. Cúbralo y refrigérelo durante 1 hora por lo menos.

Caliente el horno a 180 °C. Divida la masa en 8 rebanadas triangulares. Sobre una superficie enharinada, con las manos un poco enharinadas, con cada triángulo forme un cilindro de 2.5 cm. Corte los cilindros por la mitad para obtener 2 galletas, cada una de 5 a 8 cm de largo. Con la masa forme una luna y acomódela sobre una charola para hornear sin engrasar.

Hornee durante 22 minutos o hasta que estén un poco doradas. Deje reposar por 2 minutos sobre una rejilla de alambre; retire de la charola y deje enfriar completamente. Antes de servir, espolvoree las galletas con azúcar glass.

Rinde 16 galletas

clásicos genuinos y probados • clásicos genuinos y probados • clásicos genuinos y probados

clásicos genuinos y probados • clásicos genuinos y probados • clásicos genuinos y probados

Tartas Festivas de Manzana

- **Pasta doble para pay**
- **1½ tazas de mezcla de fruta picada**
- **½ taza de manzana sin corazón, pelada y picada**
- **⅓ de taza de uvas pasa doradas**
- **⅓ de taza de nuez picada**
- **3 cucharadas de brandy o jugo de manzana concentrado descongelado**
- **1 cucharada de ralladura de cáscara de limón**

Caliente el horno a 200 °C. Divida la pasta a la mitad. Refrigere una de las mitades. En una superficie enharinada, extienda la otra mitad de la masa y forme un círculo de 33 cm. Corte seis círculos de 10 cm de diámetro. Meta cada círculo en una taza para muffin de 7 cm. Pique el interior de la pasta con un tenedor; repita el procedimiento con el resto de la masa.

Hornee la pasta vacía durante 8 minutos. Mientras tanto, en un recipiente mediano, revuelva bien la mezcla de fruta con la manzana, las uvas pasa, la nuez, el brandy y la ralladura de cáscara de limón. Saque las cortezas del horno; rellene cada molde con una cucharada abundante de la mezcla; presiónela un poco con el dorso de la cuchara.

Hornee de 18 a 20 minutos más o hasta que la orilla de la corteza esté dorada. Deje enfriar en el molde durante 5 minutos. Con cuidado, saque del molde y ponga sobre una rejilla de alambre. Sirva caliente o bien frío.

Rinde 12 tartas

una mano amiga

Hace tiempo, esta mezcla se hacía con carne molida. Hoy, la mezcla está hecha con fruta picada. Sin embargo, puede contener manteca de res. Revise muy bien la etiqueta antes de comprarla por si alguno de sus invitados es vegetariano.

Torta de Chocolate Doble

- **¾ de taza de mantequilla suavizada**
- **1½ tazas de azúcar**
- **1 huevo**
- **1 cucharadita de vainilla**
- **2 tazas de harina de trigo**
- **⅔ de taza de cocoa en polvo sin endulzar**
- **2 cucharaditas de bicarbonato de sodio**
- **¼ de cucharadita de sal**
- **1 taza de suero de leche**
- **¾ de taza de crema agria**
- **Betún de Chocolate Fácil de Preparar (receta más adelante)**
- **Betún de Chocolate Blanco (receta más adelante)**

Caliente el horno a 180 °C. Engrase y enharine un molde para rosca de 12 tazas de capacidad. En el tazón grande de la batidora eléctrica, bata la mantequilla y el azúcar a velocidad media hasta que esté ligera y esponjada. Incorpore el huevo y la vainilla; bata hasta que se mezclen. En un tazón mediano, mezcle la harina, la cocoa, el bicarbonato de sodio y la sal. Agregue la harina a la mantequilla alternando con el suero de leche y la crema agria; comience y termine con la mezcla de harina. Bata bien después de cada adición. Vierta la pasta en el molde que preparó.

Hornee de 35 a 40 minutos o hasta que la torta empiece a desprenderse de los costados del molde. Deje enfriar en el molde por 10 minutos. Desmolde y ponga en una rejilla de alambre; deje enfriar completamente.

Prepare el betún de chocolate; úntelo en la torta. Prepare el betún de chocolate blanco y vierta sobre la torta.

Rinde de 12 a 16 porciones

Betún de Chocolate Fácil de Preparar: En el tazón grande de la batidora eléctrica, bata ½ taza de mantequilla suavizada a velocidad media hasta que esté cremosa. Agregue 4 tazas de azúcar glass y ¾ de taza de cocoa alternadamente con ½ taza de leche; bata hasta que se incorporen. Agregue 1½ cucharaditas de vainilla. Rinde unas 3 tazas.

Betún de Chocolate Blanco: En una taza medidora de vidrio, mezcle ½ taza de chispas de chocolate blanco y 2 cucharaditas de manteca vegetal. Caliente en el horno de microondas a temperatura ALTA (100%) durante 1 minuto; revuelva. Continúe calentando a intervalos de 15 segundos; revuelva hasta obtener una consistencia suave.

Rinde más o menos ½ taza

Torta de Chocolate Doble

Pay de Calabaza Clásico con Nuez Garapiñada

Masa para corteza de pay de 23 cm de diámetro

1 lata (450 g) de calabaza compacta (no de relleno de calabaza para pay)

1 lata (375 ml) de leche evaporada

2 huevos batidos

½ taza de azúcar granulada

¼ de taza compacta de azúcar morena

1 cucharadita de canela

½ cucharadita de sal

½ cucharadita de jengibre

¼ de cucharadita de nuez moscada

⅛ de cucharadita de clavos

¼ de taza de agua

2 cucharadas de mantequilla

1 taza de nuez picada

1. Acomode la pasta en un molde para pay de 23 cm. No hornee. Caliente el horno a 180 °C.

2. Para el relleno, mezcle en un recipiente grande la calabaza, la leche evaporada, los huevos, ½ taza de azúcar granulada, el azúcar morena, la canela, la sal, el jengibre, la nuez moscada y los clavos. Revuelva bien y vierta en el molde.

3. Hornee a 180 °C durante 1 hora 10 minutos o hasta que, al insertar en el centro un cuchillo, éste salga limpio. No hornee de más. Deje enfriar por completo.

4. Engrase ligeramente con manteca una charola para horno.

5. Para preparar la nuez garapiñada, mezcle en una cacerola chica el azúcar granulada con el agua. Cueza y revuelva a fuego medio hasta que el azúcar se disuelva. Aumente el fuego. Deje que hierva de 7 a 8 minutos o hasta que la mezcla se torne dorada clara; revuelva con frecuencia. Incorpore la mantequilla y la nuez. Revuelva con fuerza; luego distribuya rápidamente en una capa delgada sobre la charola. Deje enfriar por completo. Separe en pedazos; distribuya alrededor de la orilla del pay. Refrigere el sobrante del pay.

Rinde 1 pay (de 23 cm) (8 porciones)

toque personal

PARA CREAR UN AMBIENTE FESTIVO, HIERVA A FUEGO BAJO, CON MUCHA AGUA, LAS MISMAS ESPECIAS QUE SE UTILIZAN EN EL PAY DE CALABAZA O UN TROZO DE CANELA. SUS INVITADOS SERÁN RECIBIDOS CON UN AROMA CÁLIDO Y TENTADOR QUE RONDARÁ POR TODA SU CASA.

Pay de Calabaza Clásico con Nuez Garapiñada

clásicos genuinos y probados • clásicos genuinos y probados • clásicos genuinos y probados

recreo con la familia • recreo con la familia • recreo con la familia

recreo con la familia

ideas para menú

DELICIAS ATERRADORAS

ideas para menú

CASCANUECES

ideas para menú

FELIZ CUMPLEAÑOS

Rebanadas de Sandía (página 258)

Tortas en Forma de Helado

1 caja de harina para torta (de cualquier sabor)

1 lata de betún de chocolate cremoso

1 lata de betún de vainilla cremoso

Granillo de chocolate

Decoraciones surtidas

Frijolitos de azúcar

2 cerezas para adornar

1. Caliente el horno a 180 °C. Engrase y enharine un molde para torta redondo de 20 cm de diámetro y uno cuadrado de 20 cm.

2. Prepare la torta siguiendo las instrucciones de la caja para la receta básica. Vierta unas 2 tazas de masa en el molde redondo. Vierta alrededor de 3 tazas de masa en el molde cuadrado. Hornee a 180 °C de 30 a 35 minutos o hasta que, al insertar en el centro un palillo, éste salga limpio. Deje enfriar siguiendo las instrucciones de la caja.

3. Para armar los helados, corte las tortas frías y acomódelas como se muestra en la figura. Unte el betún de chocolate en la parte del "cono"; reserve ½ taza. En una duya ponga la punta para escribir. Rellene la duya con el betún de chocolate que reservó y trace la retícula tipo barquillo en el "cono". Decore con el granillo de chocolate. Unte el betún de vainilla en la parte de la "nieve". Decórela con diferentes elementos y los frijolitos de azúcar. Corone con la cereza.

Rinde de 12 a 16 porciones

Consejo: Utilice la punta de un cuchillo para trazar la retícula del cono sobre el betún, para que le sirva como guía para poner el betún con la duya.

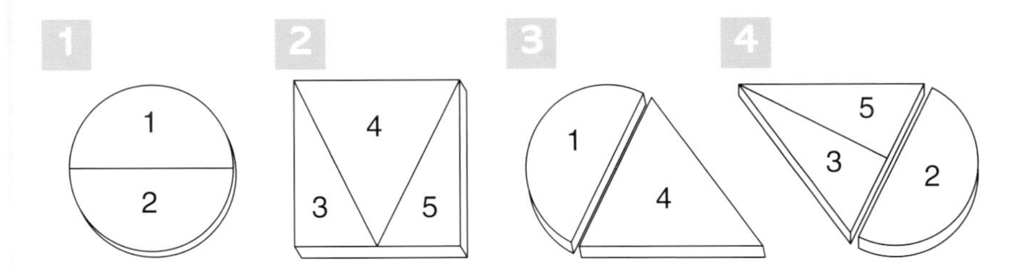

Catarinas

¾ de taza de manteca

½ taza de azúcar

¼ de taza de miel

1 huevo

½ cucharadita de vainilla

2 tazas de harina de trigo

⅓ de taza de harina de maíz

1 cucharadita de polvo para hornear

½ cucharadita de sal

DECORACIÓN

Betún naranja y negro, y dulces cubiertos amarillos

1. En el tazón grande de la batidora eléctrica, bata la manteca, el azúcar y la miel a velocidad media hasta que la mezcla esté ligera y esponjada. Agregue el huevo y la vainilla; mezcle hasta que estén bien incorporados.

2. En un recipiente mediano, mezcle la harina, la harina de maíz, el polvo para hornear y la sal. Agregue al tazón y bata a velocidad baja hasta que se incorporen. Tape; refrigere durante varias horas o por toda la noche; si lo desea.

3. Caliente el horno a 190 °C.

4. Divida la masa en 24 secciones iguales; con cada una haga un óvalo de 5×3 cm. Ponga los óvalos, a 5 cm de distancia entre sí, en charolas para galleta sin engrasar.

5. Hornee de 10 a 12 minutos o hasta que las galletas empiecen a dorarse. Deje enfriar durante 2 minutos sobre las charolas. Pase a una rejilla de alambre; deje enfriar por completo.

6. Decore las galletas con el betún y los dulces, como se muestra en la fotografía.

Rinde 2 docenas de galletas

toque personal

PONGA ESTOS ADORABLES INSECTOS SOBRE UN PLATÓN CON UNA BASE DE COCO TEÑIDO DE VERDE, PARA QUE LA PRESENTACIÓN SEA MÁS REAL.

Catarinas

Torta Carrusel

1 caja (para 6 porciones) de budín y relleno para pay instantáneo sabor vainilla

1 caja de harina para torta (de 2 capas)

4 huevos

1 taza de agua

¼ de taza de aceite vegetal

⅓ de taza de granillo de chocolate semiamargo, fundido

⅔ de taza de leche fría

Granillo de colores (opcional)

Techo de papel para el carrusel (instrucciones más adelante)

3 popotes (pajillas) de plástico

6 galletas con forma de animalitos

RESERVE ⅓ de taza de la mezcla para budín. En la batidora eléctrica, mezcle la harina para torta con el resto de la mezcla para budín, los huevos, el agua y el aceite. Bata a velocidad baja justo hasta que se humedezca. Bata a velocidad media por 4 minutos. Vierta la mitad de la masa en un molde para rosca de 25 cm de diámetro, engrasado y enharinado. Mezcle el chocolate en la masa restante. Vierta sobre la masa del molde; introduzca una espátula hasta el fondo y haga un movimiento de zigzag para crear un efecto de mármol. Hornee a 180 °C durante 50 minutos o hasta que, al insertar en el centro de la torta un cuchillo, éste salga limpio. Deje enfriar en el molde por 15 minutos. Desmolde; deje que termine de enfriarse sobre una rejilla de alambre.

BATA la mezcla de budín que reservó con la leche, en un recipiente chico, hasta que se incorporen. Vierta sobre la torta; deje que escurra. Adorne con granillo de colores, si lo desea.

CORTE un círculo de 25 a 30 cm de papel de color; corte ondas en la orilla, si gusta. Corte una ranura hasta el centro (Figura 1). Traslape las orillas cortadas para formar el techo del carrusel; afiance con un trozo de cinta adhesiva (Figura 2). Corte los popotes por la mitad; acomódelos sobre la torta con las galletas de animalitos. Ponga el techo.

Rinde 12 porciones

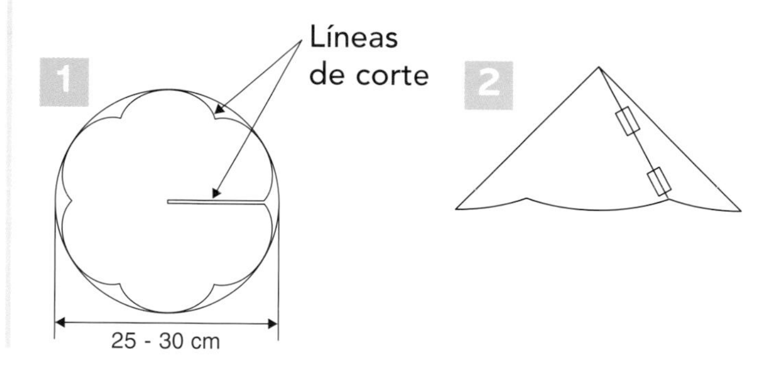

Torta Carrusel

recreo con la familia • recreo con la familia • recreo con la familia

Rebanadas de Sandía

1 caja de harina para galletas con azúcar

1 huevo

¼ de taza de aceite de canola

1½ cucharadas de agua

12 gotas de colorante vegetal rojo

5 gotas de colorante vegetal verde

Granillo de chocolate

1. En un recipiente grande, mezcle la harina para galletas, el huevo, el aceite y el agua. Revuelva hasta que estén completamente incorporados; reserve ⅓ de taza de la pasta.

2. Para la pasta roja, mezcle la pasta restante con el colorante rojo. Revuelva hasta que esté teñida uniformemente. Sobre papel encerado, forme un rollo de 30 cm con un lado aplanado. Tape; refrigere con el lado plano hacia abajo hasta que esté firme.

3. Para la pasta verde, en un recipiente chico mezcle la pasta que reservó con el colorante verde. Revuelva hasta que esté teñida uniformemente. Ponga la pasta entre 2 hojas de papel encerado; extiéndala y forme un rectángulo de 30×10 cm. Refrigere por 15 minutos. Caliente el horno a 190 °C.

4. Para armar las sandías, saque el rectángulo de pasta verde del refrigerador. Retire la hoja superior de papel encerado. Recorte las orillas a lo largo de ambos extremos de 30 cm. Saque el cilindro de pasta roja del refrigerador y póngalo, con el lado aplanado hacia arriba, a lo largo del centro de la masa verde. Acomode la masa verde hasta la orilla del lado aplanado de la masa roja. Retire la hoja de papel encerado de la parte inferior.

5. Corte el rollo refrigerado, con el lado plano hacia abajo, en rebanadas de .5 cm de grosor. Ponga las rebanadas, a 5 cm de distancia entre sí, sobre una charola para horno sin engrasar. Espolvoree el granillo de chocolate sobre la masa roja para simular las semillas. Hornee a 190 °C durante 7 minutos o hasta que se cuezan. Deje enfriar por 1 minuto sobre la charola. Pase a una rejilla de alambre para que se enfríen.

Rinde de 3 a 4 docenas de galletas

Colmenas

1 tubo (225 g) de crema batida

8 panqués (muffins)

Frijolitos de azúcar amarillos

Betún de chocolate

Tiras de regaliz negro (orozuz)

PONGA la crema batida en una bolsa con cierre hermético. Saque el exceso de aire de la bolsa y ciérrela. Doble la parte superior; corte un pedazo chico (de 1.5 cm, aproximadamente) de una esquina.

SOSTENGA la bolsa por la parte superior; cubra los panqués con la crema de manera que parezcan colmenas. Con el betún de chocolate haga tiras sobre los frijolitos para que parezcan abejorros; póngalos sobre la crema batida. Añádales un trozo de regaliz para formar sus antenas. Sirva de inmediato. Si le sobra algún panqué, guárdelo en el refrigerador. *Rinde 8 porciones*

Gorras de Béisbol

1 taza de mantequilla suavizada

210 g de pasta de almendra

¾ de taza de azúcar

1 huevo

1 cucharadita de vainilla

¼ de cucharadita de sal

3 tazas de harina de trigo

Betún y dulces de diferentes colores

1. Caliente el horno a 180 °C. Engrase charolas para galletas. En el tazón grande de la batidora eléctrica, bata la mantequilla, la pasta de almendra, el azúcar, el huevo, la vainilla y la sal a velocidad alta hasta que la mezcla esté ligera y esponjosa. Agregue la harina, toda a la vez; revuelva justo hasta que se incorpore.

2. Extienda ¼ de masa sobre una superficie ligeramente enharinada hasta que mida .5 cm. Corte círculos de 2.5 cm de diámetro. Ponga las galletas, a 5 cm de distancia entre sí, sobre las charolas que preparó.

3. Con la masa restante, haga bolas de 2.5 cm. Coloque una bola sobre la mitad del círculo de masa, de manera que 1.5 cm del círculo sea la visera de la gorra.

4. Hornee de 10 a 12 minutos o hasta que estén un poco doradas. Si las viseras se doran demasiado rápido, recorte tiras chicas de papel de aluminio y cubra con ellas las viseras, con el lado brillante del papel hacia arriba. Deje enfriar por 2 minutos sobre las charolas. Pase a una rejilla de alambre; deje enfriar por completo. Decórelas con el betún y los dulces.

Rinde unas 3 docenas de galletas

Galletas Sándwich Rellenas de Crema de Cacahuate y Jalea

500 g, aproximadamente, de masa para galletas con azúcar, refrigerada

1 cucharada de cocoa en polvo sin endulzar

Harina de trigo (opcional)

1¾ tazas de crema de cacahuate (maní)

½ taza de jalea o conserva de uva

una mano amiga

Para una presentación diferente, corte cada galleta sandwich diagonalmente por la mitad. Este corte las hace mas manejables para los pequeños.

1. Desenvuelva la masa siguiendo las instrucciones de la envoltura. Reserve ¾ de la masa; cubra y refrigere el ¼ de masa restante. En un recipiente chico, mezcle la masa que reservó con la cocoa; refrigérela.

2. Con la masa forme un cilindro de 14 cm. Espolvoree con harina para reducir su adherencia, si es necesario. Saque la masa con chocolate del refrigerador; sobre un trozo de papel encerado, extienda la masa y forme un rectángulo de 23.5×16.5 cm. Ponga el cilindro de masa en el centro del rectángulo.

3. Junte las orillas del papel encerado y la masa con chocolate para cubrir el cilindro. Presione un poco la parte superior y los costados de la masa de manera que todo el cilindro quede envuelto con la masa con chocolate. En las esquinas aplane un poco el cilindro para formar un cuadrado. Envuelva con el papel encerado. Congele durante 10 minutos.

4. Caliente el horno a 180 °C. Desprenda el papel encerado de la masa. Corte la masa en rebanadas de .5 cm de grosor. Acomode las rebanadas, a 5 cm de distancia entre sí, en charolas para galletas sin engrasar. Vuelva a dar forma cuadrada a las puntas, si es necesario. Presione ligeramente la pasta para formar una hendidura, para que la masa asemeje rebanadas de pan de caja.

5. Hornee de 8 a 11 minutos o hasta que estén ligeramente doradas. Saque del horno y despegue las orillas de las galletas con una espátula. Deje enfriar durante 2 minutos sobre las charolas. Pase a una rejilla de alambre; deje enfriar por completo.

6. Para hacer los sándwiches, unte alrededor de 1 cucharada de crema de cacahuate en el lado interior de una galleta. Unte ½ cucharada de jalea sobre la crema de cacahuate; corone con otra galleta y presione un poco. Repita el procedimiento con el resto de las galletas. *Rinde 11 galletas sándwich*

Galletas Sándwich Rellenas de Crema de Cacahuate y Jalea

Pollo de Año Nuevo

- 1 pollo entero (de 1.700 kg, aproximadamente)
- ½ cucharadita de sal
- ¼ de cucharadita de pimienta negra recién molida
- 1 naranja, pelada y separada en gajos
- 1 cebolla mediana en rebanadas delgadas
- ½ taza de vino blanco seco kosher
- ½ taza de jugo de naranja
- 2 cucharadas de jengibre recién rallado
- 2 cucharadas de miel

Caliente el horno a 180 °C. Sazone el pollo con sal y pimienta. Ponga dentro del pollo la mitad de los gajos de naranja. En una olla para asar chica o en un refractario de vidrio cuadrado de 20 cm, coloque las rebanadas de cebolla. Distribuya los gajos de naranja restantes sobre las rebanadas de cebolla en la olla para asar; luego vierta el vino y encima acomode el pollo, con la pechuga hacia abajo. En una taza medidora de vidrio, mezcle el jugo de naranja y el jengibre; bañe el pollo. Hornee, sin tapar, durante 30 minutos.

Gire el pollo, para que la pechuga quede hacia arriba, y rocíe la miel sobre la superficie. Hornee por 1 hora o hasta que la temperatura interna del pollo llegue a 81 °C en el termómetro para carne insertado en la parte más gruesa del muslo. Bañe con el jugo acumulado en la olla cada 20 minutos. (Si el pollo se está dorando demasiado rápido, cúbralo con papel de aluminio.) Pase el pollo a una tabla para picar; cubra con papel de aluminio. Deje reposar de 5 a 10 minutos.

Vierta el jugo que quede en la olla en una cacerola chica; deseche la naranja y la cebolla. Cueza el jugo, revolviendo sin cesar, de 2 a 3 minutos sobre fuego medio-alto o hasta que se espese un poco. Sirva con el pollo. *Rinde 6 porciones*

Muffins Hombre de Nieve

- **1 caja (520 g) de harina para torta amarilla o blanca, más los ingredientes para preparar la masa**
- **2 botes (450 g) de betún de vainilla**
- **4 tazas de coco rallado**
- **15 malvaviscos grandes**
- **15 mazapanes miniatura cubiertos de chocolate, sin envoltura**
- **Caramelos rojos chicos y pretzels para decorar**
- **Gel verde y rojo para decorar**

Caliente el horno a 180 °C. En 15 moldes grandes para muffin (de 7.5 cm) y en 15 chicos (de unos 2.5 cm), meta tazas de papel (30 en total). Prepare la masa para torta siguiendo las instrucciones de la caja. Vierta la masa en los moldes.

Hornee de 10 a 15 minutos los muffins chicos y de 15 a 20 minutos los grandes o hasta que estén dorados y que, al insertar en el centro un palillo, éste salga limpio. Deje enfriar por 10 minutos en los moldes sobre una rejilla de alambre. Desmolde y ponga sobre la rejilla; deje enfriar por completo. Retire las tazas de papel.

Para cada hombre de nieve, unte con betún la base y el costado de un muffin grande; cubra con coco rallado. Repita el procedimiento con un muffin chico y fíjelo sobre el grande; péguelos con betún para formar el cuerpo del hombre de nieve. Pegue con betún un malvavisco al muffin chico para hacer la cabeza. También pegue con betún el mazapán invertido para el sombrero. Ponga los pretzels como brazos y los dulces rojos como botones. Forme la cara con el gel para decorar. Repita el procedimiento con el resto de los muffins.

Rinde 15 hombres de nieve

Wonton Condimentado de Año Nuevo

- **1 cucharada de aceite de oliva y un poco más para engrasar**
- **2 cebollines finamente picados**
- **225 g de pavo o pollo molido**
- **½ taza de frijol negro de lata escurrido**
- **½ taza de salsa**
- **32 a 34 hojas de wonton**

1. Con un poco de aceite, barnice ligeramente una charola para horno.

2. En una sartén mediana, caliente 1 cucharada de aceite; agregue el cebollín y fríalo durante 1 minuto. Añada el pavo; cuézalo, revolviendo de vez en cuando, de 4 a 5 minutos o hasta que el pavo pierda su color rosado. Retire la sartén del fuego e incorpore los frijoles y la salsa.

3. Acomode una hoja de wonton con una esquina hacia usted; ponga alrededor de 1½ cucharaditas de pavo en el centro de la hoja; humedezca las orillas con agua. Doble el wonton por la mitad para encerrar el relleno. Humedezca las esquinas con agua y dóblelas sobre el wonton; presiónelo un poco para sellarlo. Póngalo sobre la charola que preparó. Repita el procedimiento con el resto de la mezcla de pavo y las hojas de wonton.

4. En un wok o en una sartén grande, caliente un fondo de 2 cm de aceite hasta que alcance los 185 °C. Fría los wontons, unos cuantos a la vez, de 1 a 2 minutos o hasta que estén dorados. Con una espumadera, retírelos del wok; escúrralos sobre toallas de papel. Sírvalos calientes con más salsa.

Rinde unas 3 docenas de wontons

toque personal

Planee con tiempo su cena de Año Nuevo. Para asegurarse de que todo salga bien, envíe las invitaciones con tiempo. En esos días de fiestas, la agenda de las personas se satura. ¡No espere!

recreo con la familia • recreo con la familia • recreo con la familia

recreo con la familia • recreo con la familia • recreo con la familia

Dip de Guacamole

INGREDIENTES

1 lata (450 g) de frijoles refritos

1½ tazas de salsa

1¾ tazas (200 g) de queso cheddar rallado

450 g de guacamole

½ cucharadita de comino molido

⅓ de taza de cilantro o perejil finamente picado

⅓ de taza de crema agria

6 pretzels gruesos

Aceitunas negras enteras sin hueso

Tiras de pimiento (opcional)

Totopos

ADITAMENTOS

Duya y punta chica para escribir

Listón o cordón verde

1. En un refractario de 28×18 cm, distribuya el frijol, encima la salsa y luego 1½ tazas de queso.

2. En un recipiente mediano, mezcle el guacamole y el comino. Distribuya sobre el queso; con cuidado, cubra la capa anterior. Espolvoree el cilantro.

3. Con la punta de la duya, vierta la crema agria y sobre el cilantro trace unas líneas que asemejen las de un campo de fútbol.

4. Use un cuchillo con sierra para cortar un pedazo de 14 cm de cada uno de los 4 pretzels. Con los 2 pretzels restantes, forme los postes de anotación, átelos con el listón. Inserte los postes en el dip.

5. Espolvoree el queso restante en la zona de anotación. Rellene la mitad de las aceitunas con tiras chicas de pimiento, si lo desea; acomode las aceitunas en el dip como si fueran los jugadores. Acompañe con los totopos.

Rinde de 10 a 12 porciones

una mano amiga

¡NO SE COMPLIQUE LA VIDA! EL DÍA DEL PARTIDO NO SE APRESURE. SELECCIONE UNAS CUANTAS RECETAS QUE DESEE PREPARAR Y COMPRE CON TIEMPO LAS BOTANAS, COMO PAPAS Y SALSA, CACAHUATES SURTIDOS, PRETZELS Y FRUTA FRESCA. TAMBIÉN USTED PUEDE DISFRUTAR DEL PARTIDO.

Dip de Guacamole

recreo con la familia • recreo con la familia • recreo con la familia

recreo con la familia • recreo con la familia • recreo con la familia

Baguette de Salami

- **1 baguette (barra de pan italiano)***
- **Mostaza Deli**
- **1 cucharada de aceite vegetal**
- **⅔ de taza de cebolla picada**
- **⅓ de taza de pimiento morrón rojo, sin semillas y picado**
- **⅓ de taza de pimiento morrón verde, sin semillas y picado**
- **360 g de salami de res o salami chub de res, cortado en cubos**
- **8 huevos batidos o 1½ tazas de sustituto de huevo sin colesterol**
- **Sal**
- **Pimienta negra recién molida**

**Puede sustituir la baguette con 6 piezas de pan francés. Prepare y rellene como se indica en la receta. Envuelva cada pieza individualmente con papel de aluminio; hornee durante unos 15 minutos o hasta que estén bien calientes.*

Caliente el horno a 180 °C. Rebane el pan por la mitad a lo largo. Saque el migajón del pan; consérvelo para otro uso. Dentro del pan unte uniformemente la mostaza.

En una sartén grande con recubrimiento antiadherente, caliente el aceite a fuego medio. Agregue la cebolla y cueza por 4 minutos. Añada los pimientos morrones y cueza durante 4 minutos o hasta que estén suaves; revuelva de vez en cuando. Ponga el salami y cueza hasta que esté bien caliente. Incorpore los huevos; incremente el fuego a medio-alto. Cueza y revuelva hasta que el huevo cuaje. Sazone con sal y pimienta al gusto.

Rellene el pan con la mezcla de salami. Cierre la baguette; envuélvala con papel de aluminio. Hornee durante 20 minutos o hasta que esté bien caliente. Corte la barra a lo ancho en 6 porciones.

Rinde 6 porciones

una mano amiga

Cuando sirva bebidas calientes, una manera fácil de conservarlas así sin problemas, es poner el líquido en una olla de cocción lenta a temperatura baja. Simplemente coloque las tazas y un cucharón cerca de la olla para que sus invitados puedan servirse cuando gusten.

Baguette de Salami

recreo con la familia • recreo con la familia • recreo con la familia

recreo con la familia • recreo con la familia • recreo con la familia

Barras de Cereal con Corazones

2 cucharadas de margarina o mantequilla

20 malvaviscos grandes

3 tazas de cereal de avena escarchado con trozos de malvavisco

12 corazones de dulce grandes

1. Forre un molde cuadrado de 20 o 23 cm con papel de aluminio; deje que sobresalgan 5 cm en 2 de los lados. Engrase o rocíe generosamente con aceite en aerosol.

2. En una cacerola mediana, ponga la mantequilla y los malvaviscos a fuego medio durante 3 minutos o hasta que se derritan y se incorporen; revuelva sin cesar. Retire del fuego.

3. Agregue el cereal; revuelva hasta que se cubra por completo. Distribuya en el molde que preparó; con una espátula de hule engrasada, presione uniformemente la mezcla. Coloque los dulces encima mientras la mezcla aún esté caliente y presiónelos un poco; distribúyalos calculando 1 dulce por cada barra. Deje enfriar durante 10 minutos. Utilizando como asas el papel de aluminio que sobresale, saque el cereal del molde. Corte en 12 barras.

Rinde 12 barras

Tiempo de Preparación y Cocción: 18 minutos

una mano amiga

Para darles una presentación más caprichosa a estas barras, utilice un cortador de galletas para cortarlas en forma de corazón. Puede regalarlas el día de San Valentín.

Barras de Cereal con Corazones

recreo con la familia • recreo con la familia • recreo con la familia
recreo con la familia • recreo con la familia • recreo con la familia

recreo con la familia • recreo con la familia • recreo con la familia

recreo con la familia • recreo con la familia • recreo con la familia

Smoothie de San Valentín

1 taza de yogur bajo en grasa

1 plátano (banana) maduro rebanado

2 cucharadas de mermelada de fresa

1 cucharada de miel o azúcar granulada

3 o 4 gotas de colorante vegetal rojo

1. Ponga en la licuadora el yogur, el plátano, la mermelada, la miel y el colorante vegetal; tape. Licue a velocidad alta por 20 segundos o hasta que esté espumoso. Vierta en 2 vasos; sirva de inmediato. Adorne, si lo desea. *Rinde 2 porciones*

Nota del Cocinero: Es fácil cambiar el sabor de esta receta para convertirlo en un postre para cualquier época del año. Cambie el sabor del yogur por su sabor favorito y utilice diferentes frutas, como gajos de naranja sin semillas y rebanadas de fresa.

Tiempo de Preparación: 3 minutos

Tortas Cupido

1 bolsa (285 g) de fresas descongeladas

1 cucharada de azúcar

½ taza de crema batida

2 tortas de mantequilla (de 300 g cada una)

½ taza de mermelada de fresa o frambuesa, sin semillas

1. Escurra las fresas; reserve 1 cucharada del jugo. Deseche el resto del jugo. Con suavidad, mezcle las fresas con el jugo que reservó, el azúcar y la crema batida.

2. Corte las tortas en 12 rebanadas. Unte cada rebanada con 1½ cucharaditas de mermelada. Arme emparedados con las rebanadas; presione con suavidad para que la mermelada llegue hasta las orillas. Limpie el exceso de mermelada de las orillas. Ponga sobre el platón; corone con la mezcla de crema batida.

Rinde 12 porciones

Tiempo de Preparación y Cocción: 15 minutos

Tortas Cupido

recreo con la familia • recreo con la familia • recreo con la familia

recreo con la familia • recreo con la familia • recreo cor la familia

Res Curtida y Col con Bolitas de Perejil

1 pecho de res curtido (1.800 kg), enjuagado y cortado

2 cucharadas de salsa verde picante

1 col chica picada

BOLITAS DE PEREJIL

2 tazas de harina de trigo

1 cucharada de polvo para hornear

¼ de cucharadita de sal

1 taza de leche

1 huevo batido

2 cucharadas de perejil picado

1 cucharada de mantequilla o margarina derretida

2 cucharaditas de salsa verde picante

En una cacerola grande, ponga la res curtida con suficiente agua fría para cubrirla (unos 5 cm); agregue 2 cucharadas de salsa. Caliente a fuego alto hasta que hierva; reduzca el fuego a bajo; tape y deje cocer por 2 horas; retire la espuma de la superficie de vez en cuando.

Durante los últimos 10 minutos de cocción de la carne, agregue la col al líquido de cocción; suba el fuego a alto y deje que hierva. Baje el fuego, tape y deje cocer durante 10 minutos o hasta que la col esté suave. Pase la carne y la col a un platón caliente; conserve caliente. No deseche el líquido de la cacerola.

Para hacer las bolitas de perejil, en un recipiente grande mezcle la harina, el polvo para hornear y la sal. En un recipiente chico, bata la leche con el huevo, el perejil, la mantequilla y las 2 cucharaditas de salsa picante; revuelva hasta que se incorporen; luego vierta sobre los ingredientes secos y revuelva hasta que se mezclen. Las bolitas se hacen poniendo cucharadas de la mezcla en el líquido de cocción. Tape y deje cocer por 10 minutos o hasta que se cueza el centro de las bolitas. Con una espumadera, pase las bolitas al platón con la carne y la col.

Rinde de 6 a 8 porciones

Res Curtida y Col con Bolitas de Perejil

recreo con la familia • recreo con la familia • recreo con la familia
recreo con la familia • recreo con la familia • recreo con la familia

recreo con la familia • recreo con la familia • recreo con la familia
recreo con la familia • recreo con la familia • recreo con la familia

Crema con Chocolate

2 tazas de leche fría

1 caja (para 4 porciones) de budín y relleno para pay instantáneo de pistache

Salsa de chocolate

2 tazas de crema batida

Tréboles de chocolate

VIERTA la leche en un recipiente grande; agregue la mezcla para budín. Bata con un batidor de alambre de 1 a 2 minutos.

PONGA capas alternadas de budín, salsa de chocolate y 1 taza de la crema batida en 4 copas para postre. Adorne con la crema batida restante y los tréboles de chocolate.

REFRIGERE hasta el momento de servir. *Rinde 4 porciones*

Torta de Conejo

2¼ tazas de coco rallado

Colorante vegetal rojo

2 tortas de 23 cm de diámetro, horneadas y frías

1 lata (225 g) de betún descongelado

Dulces surtidos

USE el colorante para teñir de rosa ¼ de taza de coco.

DEJE entera una torta; corte la otra como se muestra en la figura. Acomódela sobre una charola; utilice betún para adherir las piezas.

UNTE la torta con el betún restante. En el centro de las orejas del conejo, acomode el coco rosa. Espolvoree el coco blanco restante en la cabeza y en la parte exterior de las orejas del conejo. Decore con los dulces. *Rinde de 12 a 16 porciones*

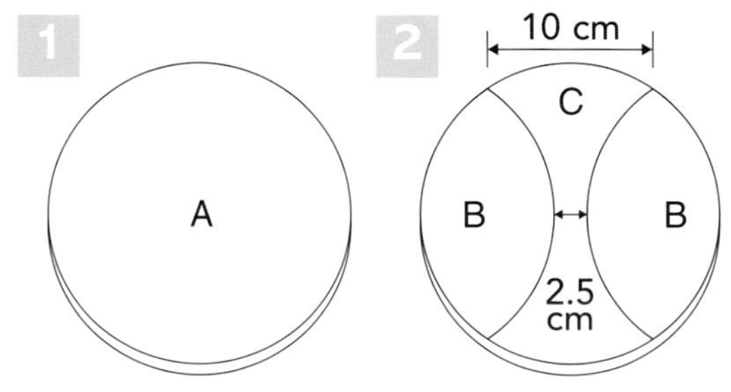

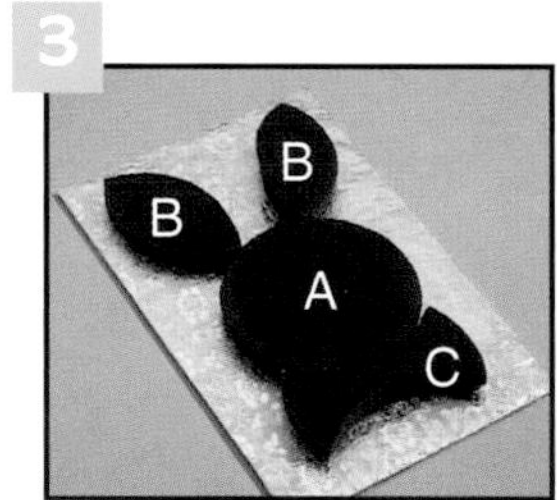

Torta de Conejo

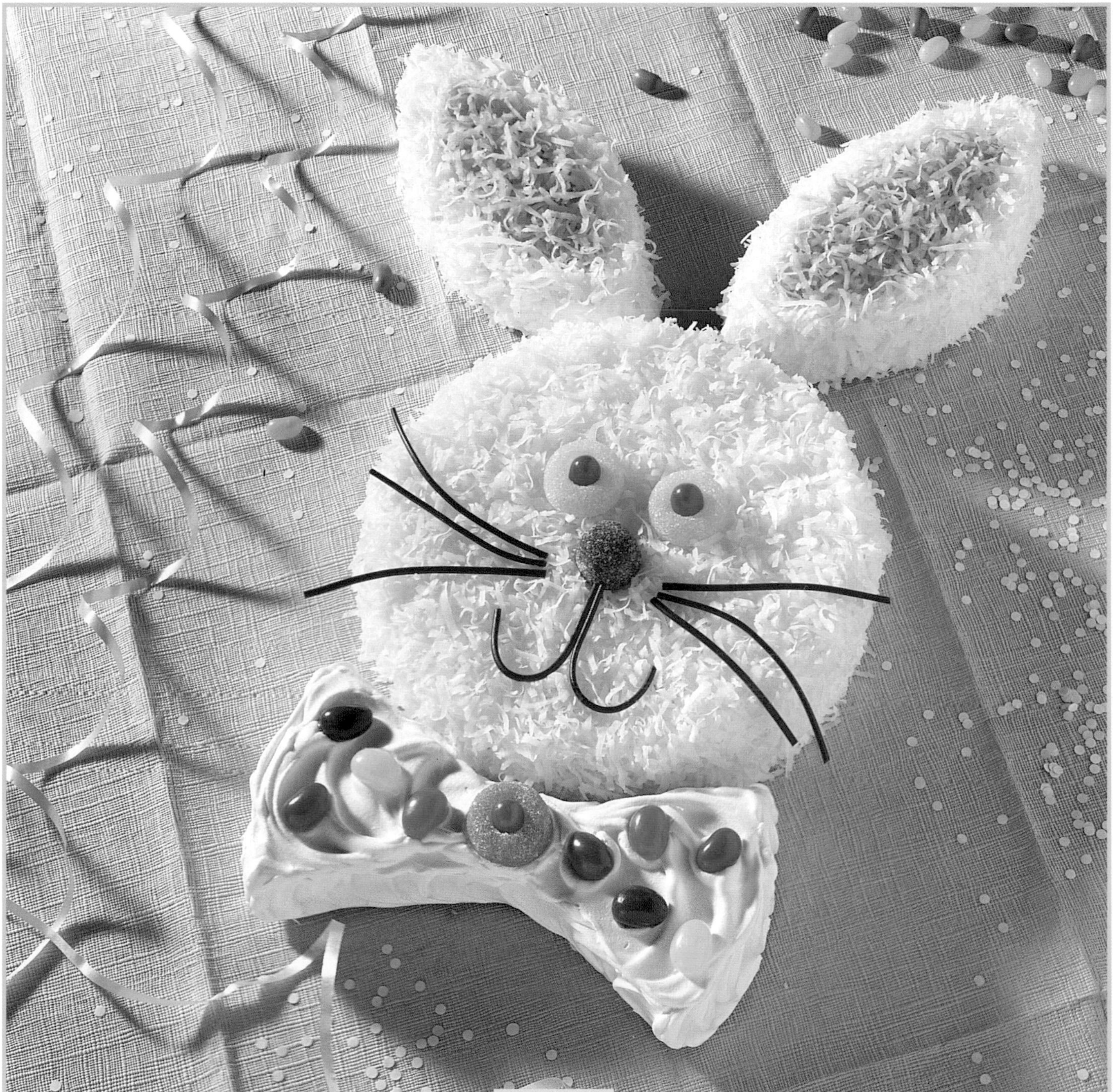

recreo con la familia • recreo con la familia • recreo con la familia

recreo con la familia • recreo con la familia • recreo con la familia

Hot Cakes de Conejo con Crema de Fresa

Crema de Fresa (receta más adelante)

2 huevos

2 tazas de harina para hornear con suero de leche

1 taza de leche

½ taza de yogur

Dulces surtidos

toque personal

PARA QUE SUS INVITADOS SEPAN CÓMO IR VESTIDOS A SU REUNIÓN, MANDE INVITACIONES QUE REFLEJEN EL CARÁCTER DE LA FIESTA. SI ES UNA REUNIÓN FORMAL, HAGA INVITACIONES ELEGANTES; SI ES INFORMAL, QUE LAS INVITACIONES SEAN GRACIOSAS Y LLENAS DE COLORIDO.

1. Prepare la Crema de Fresa. Caliente una sartén eléctrica o una plancha a 190 °C.

2. En un recipiente mediano, mezcle los huevos, la harina para hornear, la leche y el yogur; revuelva bien. Vierta en la sartén ½ taza de pasta. Con el dorso de una cuchara, delicadamente, forme un círculo de 10 cm de diámetro. Vierta unas 2 cucharadas de pasta en la orilla del círculo para formar la cabeza; con el dorso de la cuchara, extienda la pasta de la cabeza para formar las orejas del conejo, como se muestra en la fotografía.

3. Cueza hasta que empiecen a aparecer burbujas en la superficie y el hot cake se vea seco; voltéelo. Cueza de 1 a 2 minutos. Decore con dulces como se muestra en la fotografía.

4. Repita el procedimiento con el resto de la pasta. Sirva caliente con la Crema de Fresa. *Rinde unos 12 hot cakes (de 20 cm)*

Crema de Fresa

1 paquete (90 g) de queso crema suavizado

½ taza de mantequilla suavizada

⅓ de taza de azúcar

1½ tazas de fresas frescas o descongeladas

En un procesador de alimentos o en la licuadora, ponga el queso crema con la mantequilla; procese hasta que se incorporen. Agregue el azúcar; procese hasta que se incorpore. Agregue la fresa; procese hasta que esté finamente picada.

Rinde 1⅓ tazas, aproximadamente

Hot Cakes de Conejo con Crema de Fresa

recreo con la familia • recreo con la familia • recreo con la familia

recreo con la familia • recreo con la familia • recreo con la familia

recreo con la familia • recreo con la familia • recreo con la familia

recreo con la familia • recreo con la familia • recreo con la familia

Galletas de Pascua

- **1 caja de harina para galletas de vainilla**
- **¼ de taza de aceite vegetal**
- **2 claras de huevo**
- **Elementos para decorar de diferentes colores**
- **Jarabe de maíz**
- **Colorante vegetal comestible**

1. Caliente el horno a 190 °C.

2. En un recipiente grande, mezcle la harina para galletas, el aceite y las claras de huevo. Revuelva con una cuchara de madera hasta que se incorporen.

3. En una charola para hornear sin engrasar; vierta cucharaditas de masa, separadas unos 5 cm de distancia, para formar las galletas. Aplane la pasta dándole forma de huevo (un óvalo con un extremo más angosto que el otro). Decore la mitad de los huevos con diferentes elementos. Presiónelos ligeramente en la masa. Hornee a 190 °C de 6 a 7 minutos o hasta que las galletas estén un poco doradas en la orilla. Deje enfriar por 1 minuto sobre la charola. Pase a una rejilla para que se enfríen completamente.

4. Para decorar las galletas lisas, en un recipiente chico, mezcle 1 cucharada de jarabe de maíz con 1 o 2 gotas de colorante para cada color. Revuelva para que se incorporen. Con el jarabe haga diseños utilizando pinceles limpios. Espolvoree las áreas pintadas con elementos decorativos, si lo desea. Guarde las galletas entre capas de papel encerado en un recipiente hermético.

Rinde 4 docenas de galletas

Consejo: Procure que las galletas tengan un grosor uniforme para que se horneen parejo.

toque personal

¡YA LLEGÓ EL CONEJO DE PASCUA! PONGA LAS GALLETAS EN UNA CANASTA CON UNA BASE DE PAPEL CORTADO COMO PASTO. AGREGUE FRIJOLITOS DE DULCE Y HUEVOS DE MALVALVISCO, UN REGALO EXTRA DE PASCUA.

recreo con la familia • recreo con la familia • recreo con la familia

recreo con la familia • recreo con la familia • recreo con la familia

recreo con la familia • recreo con la familia • recreo con la familia

Gelatina de Colores

2¾ tazas de agua hirviente

1 caja (para 4 porciones) de gelatina de fresa o de cualquier otro sabor, pero que sea roja

1 caja (para 4 porciones) de gelatina de arándano o uva

1 taza de agua fría

1½ tazas de fresas rebanadas

1 caja (para 4 porciones) de gelatina de limón

470 ml (2 tazas) de helado de vainilla suavizado

1½ tazas de arándano negro

PONGA las gelatinas roja y azul en recipientes medianos separados; encima de cada una vierta 1 taza de agua hirviente; revuelva durante 2 minutos hasta que se disuelvan por completo. Agregue ½ taza de agua fría en cada recipiente.

COLOQUE hielo y agua en un recipiente grande; meta ahí el recipiente con la gelatina roja. Revuelva hasta que se espese, durante unos 8 minutos. Incorpore la fresa. Vierta en un molde para panqué de 23×15 cm. Refrigere por 7 minutos.

MIENTRAS TANTO, en un recipiente mediano, ponga la gelatina de limón y vierta el agua hirviente restante; revuelva durante unos 2 minutos hasta que se disuelva por completo. Añada el helado; deje que se derrita y revuelva un poco. Vierta sobre la gelatina roja. Refrigere por 7 minutos.

MIENTRAS TANTO, en el recipiente grande con hielo y agua, meta el recipiente con la gelatina azul. Revuelva hasta que se espese, durante unos 7 minutos. Incorpore el arándano. Vierta en el molde sobre la gelatina de limón.

REFRIGERE por 4 horas o hasta que esté firme. Desmolde. Adorne a su gusto. *Rinde 12 porciones*

Tiempo de Preparación: 45 minutos

Tiempo de Refrigeración: 4½ horas

Gelatina de Colores

Postre Festivo

4 envases (de 100 ml cada uno) de budín de tapioca, refrigerados

8 galletas sándwich de vainilla machacadas

¾ de taza de arándano negro fresco

½ taza de helado de fresa refrigerado

1. En 4 copas para postre (de 180 a 225 ml de capacidad), ponga la mitad de un envase de budín en cada una; corone uniformemente con la mitad de las galletas. Espolvoree 2 cucharadas de arándano en cada copa. Repita las capas con el budín y las galletas restantes.

2. En cada copa, vierta sobre las galletas 2 cucharadas de helado de fresa y 1 cucharada de arándanos. *Rinde 4 porciones*

Sugerencia para Servir: Acompañe el postre con más galletas sándwich de vainilla.

Consejo para Machacar las Galletas: Para machacar rápida y limpiamente las galletas, métalas en una bolsa de plástico. Machaque con un rodillo o con un mazo para carne.

Tiempo de Preparación: 15 minutos

Petardos

5 tazas de coco rallado

Colorante vegetal azul

24 muffins horneados y fríos

1 envase (360 g) de crema batida

Gel rojo para decorar

Tira de regaliz (orozuz) rojo

TIÑA el coco con colorante vegetal.

RECORTE cualquier borde saliente de la parte superior de los muffins. Con un poco de crema batida, adhiera 2 muffins por la parte inferior. Repita el procedimiento con el resto de los muffins. Coloque verticalmente los panqués adheridos sobre un extremo en una charola o un platón.

CÚBRALOS con la crema batida restante y ponga el coco en los costados.

DIBUJE una estrella con el gel en la parte superior de cada petardo. Inserte un trozo de regaliz para formar la mecha. Guarde los pastelillos en el refrigerador. *Rinde 12 porciones*

Petardos

Tartas con Telaraña

INGREDIENTES:

450 g de masa para galletas con azúcar, refrigerada

Aceite en aerosol o papel pergamino

1 taza (360 g) de jalea de chabacano (albaricoque)

¾ de taza de harina

1 gel negro para decorar

1. Caliente el horno a 190 °C. Desenvuelva la masa para galletas y póngala en un tazón mediano. Con las manos enharinadas, amase la masa. Forme un cilindro con ella; póngala sobre una tabla para picar limpia y córtela en ocho rebanadas iguales. Con los dedos enharinados, ponga los círculos de masa en una charola para hornear cubierta con papel pergamino o rociada con aceite en aerosol.

2. Con suavidad, presione los círculos de masa, aplanándolos para que midan aproximadamente 10 cm de diámetro. Con el pulgar y el índice, pellizque toda la orilla de cada círculo para formar una cresta. Pellizque la masa de la cresta para formar ocho picos.

3. En cada círculo unte 2 cucharadas de jalea; cerciórese de untar en todo el círculo hasta la orilla y en los picos. Refrigere durante 20 minutos. Hornee de 12 a 14 minutos o hasta que las orillas estén un poco doradas.

4. Saque las tartas de la charola para hornear y déjelas enfriar sobre una rejilla de alambre. Una vez frías, decórelas formando telarañas con el gel.

Rinde 8 porciones

toque personal

SI EL TEMA DE LA FIESTA ES LÚGUBRE Y ATERRADOR, UTILICE ANILLOS PARA SERVILLETA CON ARAÑAS DE PLÁSTICO Y SERVILLETAS BLANCAS O COLOR NARANJA; PONGA UNA SERVILLETA EN CADA LUGAR O, SI VA A SERVIR UN BUFFET DE TERROR, LLENE UN CALDERO CON LAS SERVILLETAS.

Linterna de Calabaza con Mantequilla de Cacahuate

GALLETAS

1¼ tazas compactas de azúcar morena

¾ de taza de mantequilla de cacahuate (maní)

½ barra o ½ taza de manteca vegetal

3 cucharadas de leche

1 cucharada de vainilla

1 huevo

1¾ tazas de harina de trigo

¾ de cucharadita de bicarbonato de sodio

¾ de cucharadita de sal

BETÚN

1 taza (180 g) de granillo de chocolate semiamargo

2 cucharaditas de manteca vegetal sabor mantequilla*

**A la manteca vegetal sabor mantequilla se le da sabor artificialmente.*

1. Caliente el horno a 190 °C. Cubra una superficie con papel de aluminio para enfriar ahí las galletas.

2. Para hacer las galletas, ponga el azúcar morena, la mantequilla de cacahuate, ½ taza de manteca, la leche y la vainilla en el tazón grande de la batidora eléctrica. Bata a velocidad media hasta que se incorporen. Agregue el huevo; bata justo hasta que se mezcle.

3. Combine la harina, el bicarbonato de sodio y la sal. Añada a la mezcla de manteca; bata a velocidad baja justo hasta que se mezcle.

4. Con la masa haga bolas del tamaño de una nuez. Acomódelas, a 7.5 cm de distancia entre sí, sobre una charola para hornear sin engrasar. Aplane las bolas con la base de un vaso hasta que midan aproximadamente 1 cm de grosor. Déles forma de calabaza; haga una hendidura en la parte superior del círculo. Desprenda un pedazo muy chico de masa; haga un rollo y póngalo como tallo. Con un cuchillo chico afilado, haga incisiones verticales sobre la masa de manera que parezca calabaza.

5. Hornee una charola a la vez, a 190 °C durante 7 a 8 minutos o hasta que las galletas estén cocidas y empiecen a dorarse. No hornee de más. Deje enfriar por 2 minutos sobre la charola. Pase las galletas al papel de aluminio para que acaben de enfriarse.

6. Para decorarlas, ponga el granillo de chocolate y la manteca en una bolsa gruesa; cierre la bolsa. Métala al horno de microondas a temperatura MEDIA (50%) durante 1 minuto. Amase la bolsa y, si es necesario, regrésela al horno a la misma temperatura por otros 30 segundos hasta que la mezcla esté suave cuando la manipule. Haga un corte chico en una de las esquinas de la bolsa y trace líneas y caras en las galletas para que parezcan linternas de calabaza.

Rinde unas 3 docenas de galletas

recreo con la familia • recreo con la familia • recreo con la familia

recreo con la familia • recreo con la familia • recreo con la familia

Ojos

12 huevos duros

1 lata (125 g) de jamón endiablado

⅓ de taza de mayonesa

4 cucharaditas de mostaza

¼ de taza de chile en escabeche

12 aceitunas rellenas de pimiento, cortadas por la mitad

1. Corte los huevos por la mitad a lo largo. Saque la yema y póngala en un recipiente chico. Machaque las yemas con un tenedor; mézclelas con el jamón endiablado, la mayonesa, la mostaza y el chile. Sazone con sal y pimienta al gusto.

2. Sirva la mezcla en los huevos. Acomode las mitades de aceituna como "ojos".

3. Si quiere que los "ojos" provoquen miedo y se vean inyectados de sangre, ponga salsa catsup en una bolsa de plástico chica; haga un corte en una esquina y rocíe la salsa sobre los huevos.

Rinde 12 porciones

En Lugar de Cortar la Esquina: Para ahorrar tiempo, utilice sobres de salsa catsup para decorar los huevos y que los "ojos" se vean inyectados de sangre.

Ponche Sorpresa de Día de Brujas

INGREDIENTES

Colorante vegetal verde

1 sobre (120 g) de polvo para naranjada

1 lata (360 ml) de limonada concentrada

2 litros de ginger ale

ADITAMENTOS

1 guante doméstico de plástico nuevo

1. El día anterior a su reunión, llene una jarra con 3 tazas de agua; tiña el agua con el colorante verde. Vierta en el guante; amarre bien el guante con un nudo. Cubra una charola para hornear con toallas de papel; ponga encima el guante. Utilice un molde para natilla invertido para poner en alto el nudo del guante y evitar así que gotee. Congélelo toda la noche.

2. Cuando sea el momento de servir, en un recipiente grande mezcle el polvo para naranjada, la limonada concentrada y 4 tazas de agua; revuelva hasta que se disuelva el polvo. Vierta en una ponchera; agregue el ginger ale.

3. Corte y retire el guante del hielo; ponga a flotar la mano congelada en el ponche.

Rinde 16 porciones (de 180 ml) y 1 mano de hielo

Ojos

recreo con la familia • recreo con la familia • recreo con la familia

Pizzas con Murciélagos y Fantasmas

4 mitades de pan italiano sin migajón

⅔ de salsa para pizza o espagueti

1 paquete (100 g) de rebanadas de pepperoni

4 rebanadas (de 30 g cada una) de queso mozzarella

1. Caliente el horno a 190 °C. Ponga las mitades de pan sobre una charola para hornear sin engrasar. Unte la salsa de pizza uniformemente en los panes; corone equitativamente con las rebanadas de pepperoni. Recorte las rebanadas de queso para formar fantasmas y murciélagos; póngalos sobre la salsa para pizza. Hornee de 10 a 12 minutos o hasta que se funda el queso.

Rinde 4 porciones

Pizzas con Calabazas: Unte los panes con salsa de pizza como se indica. Sustituya el queso mozzarella con rebanadas de queso amarillo; córtelo en triángulos. Ponga los triángulos de queso sobre la salsa para pizza para hacer la cara de la calabaza. Agregue ¼ de taza de floretes de brócoli para los ojos y dos tomates cherry cortados a la mitad para la nariz. Hornee como se indica.

Luna de Media Noche

1 queso brie redondo (de 225 g)

3 cucharadas más 1½ cucharaditas de queso roquefort desmoronado

2 cucharadas más 1½ cucharaditas de nuez picada

3 cucharadas de jalea de chabacano (albaricoque)

Surtido de galletas saladas para acompañar

1. Caliente el horno a 200 °C. Corte el queso brie horizontalmente por la mitad. Mezcle el queso roquefort con la nuez. Unte 4½ cucharaditas de la jalea sobre el lado cortado de una mitad de queso; espolvoree con la mitad de la mezcla de queso y nuez. Ponga encima la otra mitad de queso brie; unte con la jalea restante.

2. Recorte una tira de 7.5 cm de altura de papel de aluminio grueso y póngala alrededor del queso brie; fíjela con cinta adhesiva. Espolvoree el resto de la mezcla de queso y nuez sobre la mitad de la jalea de albaricoque para formar una luna creciente.

3. Hornee el queso en un refractario de 20×20 cm, de 7 a 9 minutos o hasta que el queso esté suave y comience a derretirse. Sirva de inmediato con galletas saladas.

Rinde 8 porciones

Luna de Media Noche

Postre Sepulcral

3½ tazas de leche fría

2 cajas (para 4 porciones) de budín y relleno para pay instantáneo de chocolate

1 envase (360 g) de crema batida descongelada

1 caja (450 g) de galletas sándwich de chocolate machacadas

Decoración: galletas sándwich rectangulares, betún, dulces y calabazas

VIERTA la leche en un tazón grande; agregue las mezclas para budín. Bata con un batidor de alambre o con batidora eléctrica, a la velocidad más baja, durante 2 minutos o hasta que se mezclen. Con suavidad, incorpore la crema batida y la mitad de la galleta machacada. Vierta en un refractario de 33×23 cm. Espolvoree con el resto de la galleta machacada.

REFRIGERE durante 1 hora o hasta el momento de servir. Decore las galletas rectangulares con el betún para hacer las "lápidas sepulcrales". Acomode las lápidas y los dulces sobre el postre, de manera que parezca un cementerio. *Rinde 15 porciones*

Tiempo de Preparación: 15 minutos

Tiempo de Refrigeración: 1 hora

Caras de Bruja Congeladas

3 galletas de trigo enteras

6 cucharadas de helado sabor menta

6 barquillos de chocolate

Tiras de regaliz (orozuz) rojo

Dulces redondos y triangulares

1. Parta las galletas por la mitad a lo ancho. Ponga 1 bola de helado en el centro de cada galleta; corone con un barquillo invertido para asemejar el sombrero.

2. Corte el regaliz en tiras de 4 cm; póngalas sobresaliendo del barquillo, a manera de cabello. Ponga los dulces redondos como ojos y un dulce triangular como nariz. Congele de 4 a 6 horas o hasta que estén firmes. *Rinde 6 porciones*

Postre Sepulcral

PEACE
RIP
1897
Boo

Brownies con Calabaza

1 caja de harina para brownies con doble chocolate

2 huevos

⅓ de taza de agua

¼ de taza de aceite vegetal

1 taza de betún de chocolate cremoso

26 calabazas de dulce

½ taza de betún de vainilla cremoso

Colorante vegetal verde

1. Caliente el horno a 180 °C. Cubra 26 moldes para muffin (de 5 cm) con papel de aluminio o póngalos sobre charolas para hornear.

2. En un recipiente grande, mezcle la harina para brownies, el contenido del sobre de chocolate que acompaña a la harina, los huevos, el agua y el aceite. Revuelva con una cuchara hasta que se incorporen bien, más o menos 50 veces. Rellene cada molde con 2 cucharadas rasas de pasta. Hornee de 15 a 17 minutos o hasta que estén firmes. Deje enfriar de 5 a 10 minutos en los moldes.

3. Ponga el betún de chocolate en una cacerola chica. Derrita a fuego bajo, revolviendo sin cesar. En la parte superior de 1 brownie, ponga ½ cucharadita generosa de betún caliente. Corone con 1 calabaza de dulce; húndala un poco. Repita el procedimiento con el resto de los brownies. Deje enfriar.

4. Tiña el betún de vainilla con el colorante verde. Ponga en una duya una punta chica para hacer hojas. Haga 3 hojas alrededor de cada calabaza de dulce. Con una punta chica para escribir, haga las ramas, si lo desea.

Rinde 26 brownies

Muffins Araña

24 muffins horneados

1 envase (225 g) de crema batida

Granillo de chocolate

Pedazos de regaliz (orozuz) negro y dulces chicos para adornar

CUBRA la parte superior y los costados de los muffins con la crema batida. Decórelos con el granillo de chocolate. Inserte los pedazos de regaliz en la parte superior para formar las "patas de araña". Encima ponga los dulces a manera de "ojos".

Rinde 24 porciones

Variante: Para hacer "catarinas" ("mariquitas"), tiña la crema batida con unas cuantas gotas de colorante vegetal rojo. Cubra los muffins como se indica y decore con el granillo de chocolate.

Brownies con Calabaza

recreo con la familia • recreo con la familia • recreo con la familia

Ponche Festivo

Rosca Helada (receta más adelante)

1 lata (360 ml) de jugo de naranja concentrado, descongelado

2 litros de cóctel de jugo de arándano rojo

1 litro de sidra de manzana

½ taza de bebida instantánea de naranja

¼ de cucharadita de colorante vegetal rojo (opcional)

1 litro de refresco de lima-limón

1. El día anterior, prepare la Rosca Helada; congélela hasta que esté firme.

2. Cuando el ponche esté listo para servir, mezcle todos los ingredientes en una ponchera, excepto el refresco; revuelva bien y luego vierta el refresco.

3. Desmolde la rosca helada; póngala a flotar en el ponche.

Rinde 24 porciones (de unos 150 ml cada una)

Variante: Para una fiesta de adultos, agregue 1 taza de vodka y ½ taza de licor de naranja cuando vierta la sidra de manzana, si lo desea.

Rosca Helada

1 naranja mediana sin semillas, separada en gajos

½ a ¾ de taza de arándano rojo fresco o descongelado

3 tazas de sidra de manzana

Acomode la fruta en la base de un molde para rosca de 3½ tazas de capacidad; llene con la sidra. Congele hasta que esté firme, durante 8 horas o por toda la noche. Para desmoldar, sumerja un momento el fondo del molde en agua caliente.

Rinde 1 rosca helada

una mano amiga

Convierta su rosca helada en algo especial. Ponga los gajos de naranja y el arándano en moldes para muffin, para madalenas, para galletas miniatura o para tarta. Llénelos con sidra de manzana y congele.

Ponche Festivo

Torta de Otoño

1 caja (500 g) de harina para torta de vainilla o de zanahoria

1 taza de agua

3 huevos

⅓ de taza de aceite vegetal

⅓ de taza de puré de manzana

Betún de Mantequilla y Jarabe de Maple (receta más adelante)

2 tazas de nuez picada

¼ de taza de granillo de chocolate semiamargo, derretido

¼ de taza de almendra picada

2 cucharadas de chabacano (albaricoque) seco, picado

2 cucharadas de arándano rojo seco, picado

2 cucharadas de uvas pasa

1. Caliente el horno a 190 °C. Engrase y enharine dos moldes redondos para torta de 23 cm.

2. En el tazón mediano de la batidora eléctrica, mezcle la harina, el agua, los huevos, el aceite y el puré de manzana. Bata a velocidad baja hasta que se incorporen; bata a velocidad media por 2 minutos más. Vierta la pasta en los moldes.

3. Hornee de 35 a 40 minutos hasta que, al insertar en el centro un palillo, éste salga limpio. Deje enfriar durante 10 minutos en los moldes sobre una rejilla de alambre. Pase a la rejilla; deje enfriar por completo.

4. Prepare el Betún de Mantequilla y Jarabe de Maple.

5. Sobre un platón ponga 1 capa de torta; unte betún en la parte superior. Acomode encima la segunda capa de torta; unte betún en la parte superior y en el costado de las tortas. Adhiera la nuez en el costado.

6. Con el chocolate dibuje un tronco de árbol sobre la torta. Mezcle la almendra, el chabacano, el arándano y las uvas pasa. Distribuya sobre y debajo del tronco a manera de hojas.

Rinde 12 porciones

Betún de Mantequilla y Jarabe de Maple

4 cucharadas de mantequilla o margarina suavizada

½ taza de jarabe de maple o de maíz

3 tazas de azúcar glass

En un tazón chico, bata la mantequilla con el jarabe hasta que se incorporen. Bata gradualmente el azúcar glass hasta que se incorpore.

Torta de Otoño

Bellotas de Queso

- **2 tazas (225 g) de queso suizo rallado**
- **½ taza de mantequilla o margarina suavizada**
- **3 cucharadas de leche**
- **2 cucharadas de jerez seco o de leche**
- **⅛ de cucharadita de pimienta roja molida**
- **1 taza de almendra blanqueada finamente picada**
- **¾ de taza de almendra blanqueada rallada**
- **¾ de taza de almendra en rodajas**
- **½ taza de almendra entera**
- **Ramas de romero fresco**
- **Surtido de galletas saladas**

En un recipiente mediano, bata el queso, la mantequilla, la leche, el jerez y la pimienta roja hasta que se incorporen; agregue la almendra picada.

Divida la mezcla en 3 porciones iguales; con cada porción forme óvalos ahusados que parezcan bellotas; inserte en ellas las almendras rallada, en rodajas y entera. Tape; refrigérelas de 2 a 3 horas o hasta que estén firmes.

Acomode las bellotas de queso sobre una tabla para picar de madera o en un platón. Adorne la parte superior con romero. Sirva con diferentes galletas saladas.

Rinde de 12 a 16 porciones de botana

toque personal

En cualquier época del año, arregle su mesa con un centro de mesa espectacular, pero sencillo. Ponga agua en una vasija de cristal y velas flotando con arándanos (en invierno), flores recién cortadas (en verano) y calabazas (en otoño).

Pavos de Dulce

- **30 g de cubierta de chocolate de leche**
- **8 bolas de dulce de leche**
- **8 estrellas de chocolate**
- **4 roscas de mantequilla**
- **8 dulces triangulares**

1. Funda la cubierta de chocolate siguiendo las instrucciones de la envoltura. Con el chocolate fundido, fije las estrellas de chocolate en las bolas de dulce de leche.

2. Corte las galletas por la mitad. Con el chocolate, fije 1 trozo de galleta a cada bola de leche, a manera de cola. Con el resto del chocolate, fije 1 dulce triangular en la parte superior de cada bola para formar la cabeza.

Rinde 8 pavos

Pitas Rellenas de Pavo

- **1 taza de pechuga de pavo o de pollo, cocida, en cubos**
- **½ taza compacta de col picada**
- **½ taza de arándano rojo seco**
- **¼ de taza de zanahoria rallada**
- **2 cucharadas de mayonesa baja en grasa**
- **1 cucharada de mostaza con miel**
- **2 pitas (pan árabe) de trigo entero**

1. En un recipiente chico, mezcle el pavo, la col, el arándano, la zanahoria, la mayonesa y la mostaza; revuelva bien.

2. Corte las pitas por la mitad y rellénelas con la mezcla de pavo.

Rinde 2 porciones

Torta Perinola

1 caja de harina para torta (doble) de cualquier sabor

1¼ tazas de agua

3 huevos

¾ de taza de almendra rallada o en rebanadas, tostada* y molida

¼ de taza de aceite vegetal

½ cucharadita de extracto de vainilla

1½ recipientes de betún de queso crema (450 g)

Colorantes vegetales amarillo y azul

ADITAMENTOS

1 charola grande o una tabla para torta (de 38×25 cm), forrada

Duya y punta de estrella mediana

**Para tostar la almendra, póngala en una sola capa en una charola para hornear. Hornéela a 180 °C hasta que esté dorada; revuelva de vez en cuando.*

1. Caliente el horno a 180 °C. Engrase y enharine un molde de 33×23 cm. En la batidora eléctrica, mezcle la harina, el agua, los huevos, la almendra, el aceite y el extracto. Bata a velocidad baja hasta que se incorporen los ingredientes. Luego bata a velocidad media durante 2 minutos más. Vierta la pasta en el molde. Hornee de 35 a 40 minutos hasta que, al insertar en el centro un palillo, éste salga limpio. Deje enfriar por 10 minutos en el molde sobre una rejilla de alambre. Desmolde.

2. Corte la torta como se muestra en la figura 1. Acomode los pedazos de torta sobre la charola como se muestra en la figura 2; adhiera las piezas con betún. Unte alrededor de ½ taza de betún blanco en el centro de la torta. Tiña de amarillo ¾ de taza de betún. Para teñir el betún, agregue un poco de colorante vegetal; revuelva bien. Lentamente, agregue más color hasta que el betún tenga el tono deseado. Unte en la parte superior y en los costados de la torta.

3. Utilice la figura 3 como guía para dibujar y recortar el patrón en papel encerado; ponga el patrón sobre la torta como se muestra en la fotografía. Con un palillo de madera, trace el contorno del patrón; retire el patrón. Tiña de azul el resto del betún. Vierta el betún en la duya con la punta de estrella. Rellene el diseño con estrellas de betún; también ponga el betún alrededor de la parte superior de la torta.

Rinde 12 porciones

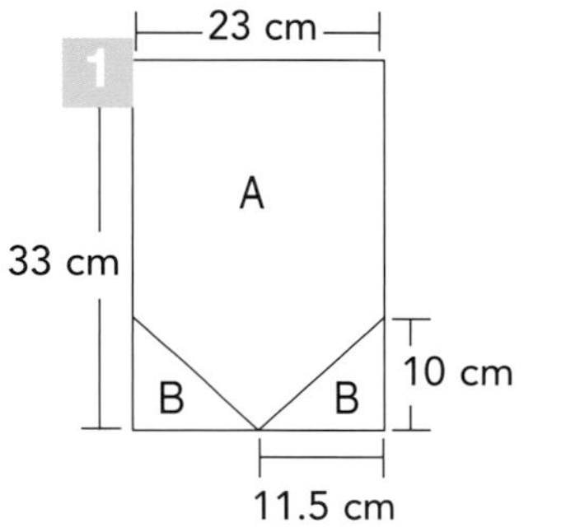

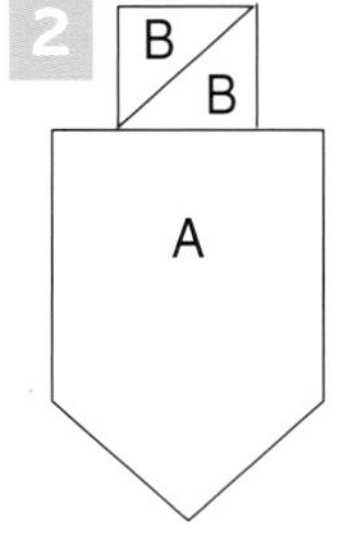

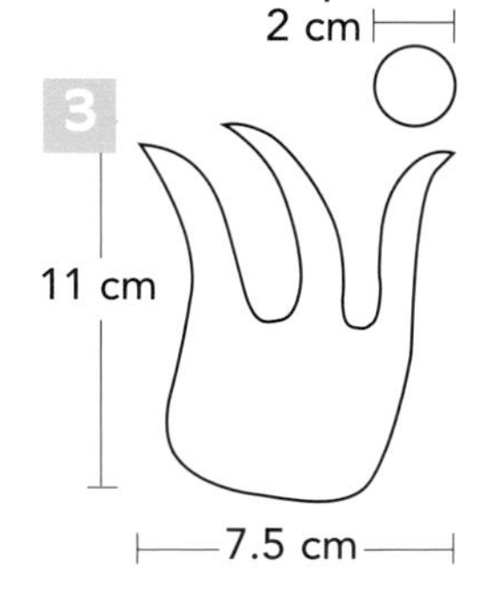

Torta Perinola

Rosca de Queso

2 cajas (de 225 g cada una) de queso crema suavizado

225 g de queso cheddar rallado

1 cucharada de pimiento morrón rojo picado

1 cucharada de cebolla finamente picada

2 cucharaditas de salsa inglesa

1 cucharadita de jugo de limón

Pizca de pimienta roja molida

MEZCLE los quesos crema y cheddar con la batidora eléctrica a velocidad media hasta que se incorporen.

AGREGUE el resto de los ingredientes y bata. Refrigere durante varias horas o por toda una noche.

PONGA un vaso en el centro de un platón. Alrededor del vaso, vierta cucharadas de la mezcla, que apenas toquen el vaso, para formar un anillo; aplane con una espátula. Retire el vaso. Adorne con perejil picado y pimiento rojo picado. Acompañe con galletas saladas.

Rinde 12 porciones

Variante: Sustituya el queso crema con 2 cajas (de 225 g cada una) de queso Neufchâtel, que tiene ⅓ menos de grasa que el queso crema.

Bolas Pequeñas de Queso: Con la mezcla de queso crema, haga bolas de 2.5 cm. Ruédelas sobre migajas de pan de centeno o de pan negro de centeno con semillas de alcaravea.

Tiempo de Preparación: 15 minutos más el tiempo de refrigeración

Queso Navidad

1 caja (225 g) de queso crema suavizado

1½ cucharadas de chile verde picado

½ taza de salsa picante

Galletas saladas o totopos

En un recipiente chico, mezcle el queso con el chile y la salsa. Forre con plástico un molde o un recipiente de 1 taza de capacidad y vierta la mezcla de queso. Tape y refrigere durante 1 hora por lo menos.

Rinde más o menos 1 taza

Presentación: Desmolde y ponga en un platón; vierta encima la salsa y acompañe con galletas saladas o totopos.

Rosca de Queso

Ponche de Navidad

2 manzanas rojas

2 litros de sidra blanca de manzana

½ taza de uvas pasa

8 rajas de canela

2 cucharaditas de clavos enteros

¼ de taza de jugo de limón

Rebanadas de limón y de naranja

Quite el corazón a las manzanas; rebánelas en anillos de 1.5 cm de grosor. En una olla grande, ponga la sidra, los anillos de manzana, las uvas pasa, la canela y los clavos. Ponga a hervir a fuego alto; reduzca el fuego a bajo y deje cocer de 5 a 8 minutos o hasta que las manzanas apenas estén suaves. Saque el clavo; agregue el jugo de limón y las rebanadas de limón y de naranja. Vierta en una ponchera. Sirva en tazas grandes; incluya en cada taza un anillo de manzana, unas uvas pasa y rebanadas de cítricos. Acompañe con una cuchara.

Rinde unos 2 litros

Corona de Espárragos

450 g de espárragos con los extremos recortados

1 cucharada de mantequilla

1 cucharadita de jugo de limón

6 rebanadas delgadas de pepperoni finamente picadas

¼ de taza de pan molido sazonado

Tiras de pimiento para adornar

1. Pele los tallos de los espárragos, si lo desea. En una cacerola grande tapada, cueza al vapor los espárragos, de 5 a 8 minutos o hasta que estén suaves.

2. En platos extendidos calientes, acomode los espárragos en forma de corona.

3. En una cacerola chica, caliente la mantequilla y el jugo de limón hasta que la mantequilla se derrita; vierta sobre los espárragos. Mezcle el pepperoni picado con el pan molido en un recipiente chico; espolvoree sobre los espárragos. Adorne, si lo desea.

Rinde 4 porciones de guarnición

Corona de Espárragos

Bastones Trenzados

⅓ de taza de azúcar

1 cucharada de canela en polvo

1 envase (300 g) de masa refrigerada

3 cucharadas de mantequilla o margarina derretida

Betún rojo (opcional)

1. Caliente el horno a 180 °C. Con aceite en aerosol, rocíe una charola para hornear.

2. En un recipiente chico, mezcle el azúcar con la canela; revuelva bien.

3. Extienda la masa y corte ocho tiras de 40 cm de largo. Doble las tiras por la mitad; trence hasta los extremos y selle; forme un bastón de caramelo y ponga sobre la charola.

4. Barnice los bastones con mantequilla; espolvoréelos con la canela y el azúcar mezcladas.

5. Hornee de 12 a 15 minutos o hasta que estén dorados. Sírvalos calientes tal como salgan del horno o decorados con betún rojo, como se muestran en la fotografía. *Rinde 8 porciones*

Árboles de Navidad: Mezcle la canela con azúcar teñida de verde en lugar de azúcar común. Extienda la masa y córtela en ocho tiras de 40 cm de largo, como se indica arriba. Recorte 1.5 cm de 1 extremo de cada tira para utilizarlo como tronco del árbol. Con las tiras forme árboles sobre la charola; agregue los troncos. Barnice con mantequilla y encima espolvoree la canela con azúcar verde. Hornee como se indica. Decore con dulces rojos de canela.

una mano amiga

Puede preparar estos dulces y alegres bastones en un momento. Son un bocadillo perfecto para cuando reciba visitas inesperadas. Acompáñelos con sidra, té, café o chocolate caliente; todos los van a disfrutar.

Bastones Trenzados

Ponche Moka

1 litro de ponche de huevo

1 cucharada de café granulado instantáneo con vainilla o común

¼ de taza de licor de café

1. En una olla grande, caliente el ponche con el café granulado a fuego medio hasta que el café se haya disuelto; no debe hervir. Retire del fuego; incorpore el licor de café.
2. Sirva el ponche en tazas.

Rinde 8 porciones

Tiempo de Preparación y Cocción: 10 minutos

Empanadas de Queso

2 cucharadas de cebolla en polvo

2 huevos batidos

1 bolsa (300 g) de espinaca picada congelada, cocida y escurrida

2 tazas (450 g) de queso ricotta o queso cottage cremoso

1 taza sin llenar (unos 90 g) de queso mozzarella rallado

3 paquetes (de 225 g cada uno) de masa para empanadas refrigerada

Caliente el horno a 190 °C.

En un recipiente grande, mezcle la cebolla en polvo con los huevos, la espinaca y los quesos.

Separe la masa siguiendo las instrucciones de la envoltura; corte cada triángulo por la mitad (para obtener 2 triángulos más chicos) y aplánelos un poco. Ponga 1 cucharada de queso en el centro de cada triángulo; doble y selle las orillas presionándolas con un tenedor. Acomódelas sobre una charola para hornear sin engrasar; hornee durante 15 minutos o hasta que estén doradas.

Rinde 48 empanadas

Instrucciones para Congelar/Recalentar: Envuelva las empanadas con papel de aluminio grueso; congélelas. Para recalentar, desenvuelva y hornee como se indica, durante 8 minutos o hasta que estén bien calientes.

Ponche Moka

recreo con la familia • recreo con la familia • recreo con la familia

recreo con la familia • recreo con la familia • recreo con la familia

Árbol de Navidad de Galletas

GALLETAS

- **½ taza de manteca vegetal**
- **⅓ de taza de mantequilla o margarina suavizada**
- **2 yemas de huevo**
- **1 cucharadita de extracto de vainilla**
- **1 caja de harina para torta de vainilla**
- **1 cucharada de agua**

BETÚN

- **1 envase (450 g) de betún de vainilla**
- **Colorante vegetal verde**
- **Cristales de azúcar rojos y verdes para adornar**
- **Diferentes dulces de colores y decoración para adornar**

Caliente el horno a 190 °C. Para hacer las galletas, mezcle la manteca, la mantequilla, las yemas de huevo y el extracto de vainilla. Incorpore gradualmente la harina para torta. Agregue 1 cucharadita de agua a la vez hasta que la masa tenga una consistencia adecuada para poder extenderla. Divida la masa en 4 bolas. Con las manos aplane una bola; sobre una superficie un poco enharinada, extiéndala hasta que mida .5 cm de grosor. Corte la masa con cortadores para galletas con forma de estrella de diferentes tamaños. Repita el procedimiento con el resto de la masa. Hornee las galletas grandes juntas sobre una charola para hornear sin engrasar. Hornee de 6 a 8 minutos o hasta que las orillas estén un poco doradas. Deje enfriar las galletas por 1 minuto. Retírelas de la charola. Repita el procedimiento con las galletas más chicas; revise las galletas al tiempo mínimo de horneado.

Para el betún, tiña el betún de vainilla con el colorante verde. Unte el betún sobre las galletas y apílelas empezando con las galletas más grandes para terminar con las más chicas. Cuando apile las galletas, colóquelas desplazadas para alternar las puntas de las estrellas. Decore a su gusto con los cristales de azúcar de colores y diferentes dulces y elementos decorativos.

Rinde de 2 a 3 docenas de galletas

Árbol de Navidad de Galletas

Adornos de Dulce

1 bolsa (210 g) de dulces macizos de colores

4 a 6 cortadores de galleta de metal abiertos (de 5 o 7.5 cm)

Hilo de nylon transparente

1. Quite el papel de los dulces. Sepárelos por color; ponga cada color en una bolsa de plástico. Machaque los dulces con un rodillo.

2. Cubra una charola para hornear con papel de aluminio; rocíe con aceite en aerosol. Corte 6 pedazos cuadrados de papel de aluminio, de 20 cm aproximadamente; doble cada pedazo por la mitad.

3. En el centro de cada pedazo de papel de aluminio doblado, ponga un cortador de galleta; junte las orillas del papel para envolver el cortador. Mantenga el centro del papel tan plano como le sea posible. Pegue el papel a todos los costados del cortador de galleta. Póngalo sobre la charola que preparó, con la parte superior abierta.

4. Caliente el horno a 200 °C. Dentro de los cortadores de galleta, ponga un fondo de 1.5 cm del dulce machacado. Hornee hasta que se derrita el dulce. Mientras tanto, corte 6 tramos de hilo (de 20 cm de largo); junte los extremos del hilo y haga un nudo. Saque los adornos del horno. Cuando el dulce aún esté caliente y suave dentro del cortador, ponga el hilo con el extremo anudado cerca de la parte superior de cada figura para colgar; presiónelo sobre el adorno con el mango de una cuchara de madera. Déjelos enfriar.

5. Retire el papel de aluminio del cortador. Con suavidad, doble los cortadores para sacar los adornos. Rompa o raspe con un cuchillo las rebabas de los adornos.

Rinde de 4 a 6 adornos

toque personal

LA DESPEDIDA PERFECTA: COMPRE DIFERENTES FIGURAS DE CORTADORES DE GALLETA PARA HACER ESTOS ADORNOS. DESPUÉS DE HORNEARLOS, DEJE EL DULCE EN EL CORTADOR DE GALLETAS Y ENVUÉLVALOS CON PAPEL CELOFÁN DE COLORES. ÁTELOS CON UN LISTÓN Y PÓNGALOS EN UNA CANASTA DECORADA PARA QUE SUS INVITADOS SE LLEVEN UNO AL PARTIR.

Chutney de Arándano con Queso Crema

INGREDIENTES
- **½ taza de azúcar granulada**
- **¼ de taza de azúcar morena**
- **½ taza de agua**
- **2 manzanas verdes chicas, peladas, sin corazón y picadas**
- **1 bolsa (360 g) de arándano rojo fresco**
- **2 cucharaditas de ralladura de cáscara de naranja**
- **1 caja (225 g) de queso crema**
- **Colorante vegetal verde**
- **Nuez finamente picada**
- **Pimiento morrón amarillo picado (opcional)**
- **Diferentes galletas saladas**

ADITAMENTOS
- **Pincel chico para pasta**

1. En una cacerola mediana, mezcle el azúcar con el agua; ponga a hervir. Incorpore la manzana y deje cocer por 3 minutos; revuelva de vez en cuando. Agregue el arándano y la cáscara de naranja; cueza de 10 a 15 minutos o hasta que el arándano esté suave y el chutney se haya espesado; revuelva de vez en cuando.

2. Vierta el chutney en un recipiente hermético; refrigere hasta por 2 semanas.

3. Cuando vaya a servirlo, corte el queso crema en forma de árbol de Navidad, si lo desea; barnícelo con colorante para aparentar las ramas. Inserte la nuez en el "tronco" del árbol. Saque unos arándanos cocidos del chutney para adornar el árbol de queso crema, al igual que con los recortes de pimiento morrón, si lo desea.

4. Sirva el chutney con el queso crema y las galletas saladas.

Rinde de 10 a 12 porciones de botana

Dulce de Chocolate

- **½ taza de crema batida**
- **½ taza de jarabe de maíz light**
- **3 tazas de granillo de chocolate semiamargo**
- **1½ tazas de azúcar glass cernida**
- **1 taza de bastones de dulce machacados**
- **1½ cucharaditas de vainilla**

Forre un refractario de 20 cm con papel de aluminio; deje que el papel sobresalga por los costados.

En una cacerola de 2 litros de capacidad, ponga a hervir durante 1 minuto la crema y el jarabe de maíz a fuego medio. Retire del fuego. Incorpore el chocolate; revuelva sin cesar hasta que se derrita. Agregue el azúcar, el dulce machacado y la vainilla. Vierta en el refractario que preparó. Distribuya la mezcla hasta las esquinas. Tape y refrigere durante 2 horas o hasta que esté firme.

Utilizando el papel de aluminio como asas, saque el dulce del refractario; desprenda el papel. Corte en cubos de 2.5 cm. Guarde en un recipiente hermético. *Rinde unos 900 g o 64 trozos*

Sidra Caliente

- **⅓ de taza compacta de azúcar morena**
- **¼ de taza de mantequilla o margarina suavizada**
- **¼ de taza de miel**
- **¼ de cucharadita de canela en polvo**
- **¼ de cucharadita de nuez moscada en polvo**
- **Sidra o jugo de manzana**

1. Bata el azúcar con la mantequilla, la miel, la canela y la nuez moscada hasta que se incorporen y se esponjen. Ponga la mezcla en un recipiente hermético. Refrigere hasta por 2 semanas. Antes de utilizar la mezcla, deje que tome la temperatura ambiente.

2. Para servir, caliente la sidra de manzana en una cacerola grande a fuego medio. Sirva la sidra en tazas; vierta 1 cucharada de pasta en cada taza. *Rinde 12 porciones*

Tiempo de Preparación y Cocción: 15 minutos

Dulce de Chocolate

Renos de Galleta

GALLETAS

1 caja de harina para galletas sabor crema de cacahuate (maní) o vainilla

1 huevo

¼ de taza de aceite vegetal

4 cucharaditas de harina de trigo

DECORACIÓN

Granillo miniatura de chocolate semiamargo

Granillo de chocolate blanco

Granillo de chocolate semiamargo cubierto de dulce

Granillo de colores

1. Para las galletas, mezcle en un recipiente grande la harina para galletas, el sobre de crema de cacahuate que viene con la harina, el huevo y el aceite. Revuelva hasta que esté bien incorporada. Con la masa haga una bola; divídala a la mitad. Ponga 2 cucharaditas de harina en una bolsa de plástico grande (de 27×28 cm). Ponga la masa en el centro de la bolsa (no la cierre). Extienda la masa con un rodillo hasta que salga de la bolsa. Deslice la bolsa sobre una charola para hornear. Repita el procedimiento con las 2 cucharaditas de harina restantes, una segunda bolsa de plástico y la otra bola de masa. Refrigere durante 1 hora por lo menos.

2. Caliente el horno a 190 °C.

3. Con unas tijeras, corte por el centro y a través de los extremos una de las bolsas con masa. Desprenda el plástico para descubrir la masa. Recorte los renos; después de hacer cada corte, sumerja el cortador de galleta en harina. Con un volteador enharinado, pase las galletas cortadas a las charolas para hornear sin engrasar. Decore a su gusto poniéndoles ojos, boca, nariz y cola con diferentes elementos decorativos. Hornee a 190 °C durante 5 a 7 minutos o hasta que se cuezan, pero sin que lleguen a dorarse. Deje enfriar por 2 minutos sobre las charolas para hornear. Pase a una rejilla de alambre. Deje enfriar por completo. Repita el procedimiento con el resto de la masa. Guarde las galletas entre capas de papel encerado, en recipientes herméticos.

Rinde unas 4 docenas de galletas

Consejos: Para volver a extender la masa, cúbrala con el plástico. Si va a usar las galletas como adornos para colgar, perfore la parte superior de la galleta sin hornear con un extremo de un popote (pajilla) de plástico. Después de hornearlas, vuelva a insertar el popote en el agujero. Cuando estén frías, pase un listón a través de la perforación y anúdelo.

Renos de Galleta

recreo con la familia • recreo con la familia • recreo con la familia

recreo con la familia • recreo con la familia • recreo con la familia

el final perfecto

ideas para menú

HORNEADOS FAVORITOS

Panqué de Canela y Naranja (página 52)
Brownies de Galleta (página 332)
Pastelillos Coloridos (página 331)
Exquisita Rosca de Limón (página 346)
Crema de Chocolate Tradicional (página 371)

ideas para menú

SUEÑOS DE CHOCOLATE

Galletas de Doble Chocolate (página 328)
Pay de Avellana y Chocolate (página 358)
Torta de Chocolate y Frambuesa (página 344)
Bombones Capuchinos (página 362)

ideas para menú

TÉ DE LA TARDE

Lunas de Nuez (página 331)
Galletas de Avellana (página 326)
Pan de Nuez y Miel para el Café (página 64)

Cuadros de Queso y Calabaza (página 330)

Empanadas Argentinas Dulces

3 tazas de harina de trigo

½ taza de azúcar glass

1 cucharadita de polvo para hornear

¼ de cucharadita de sal

1 taza de mantequilla, cortada en trocitos

6 a 7 cucharadas de agua helada

½ bolsa (420 g) de caramelos, envueltos

2 cucharadas de leche

½ taza de coco rallado

1 huevo grande

1 cucharada de agua

En un recipiente grande, ponga la harina, el azúcar, el polvo para hornear y la sal; revuelva para mezclar. Agregue la mantequilla y, con un mezclador para masa o con 2 cuchillos, corte la mantequilla hasta que se formen pedazos del tamaño de un chícharo. Vierta el agua, 1 cucharada a la vez; revuelva con un tenedor hasta que se incorpore la masa. Divida la masa a la mitad; tápela y refrigérela por 30 minutos o hasta que esté firme.

Mientras tanto, en una cacerola mediana, derrita los caramelos con la leche a fuego bajo; revuelva sin cesar. Con una cuchara incorpore el coco. Retire del fuego; deje enfriar.

Extienda la masa sobre una superficie un poco enharinada, una porción a la vez, hasta que mida .3 cm de grosor. Corte la masa con un cortador de empanadas redondo de 7.5 cm. Vuelva a amasar y a extender los recortes de masa y corte más empanadas.

Caliente el horno a 200 °C. Engrase charolas para galletas. Bata el huevo con el agua en una taza. Ponga ½ cucharadita de la mezcla de caramelo en el centro de cada empanada. Humedezca la orilla de la masa con la mezcla de huevo. Doble la masa por la mitad; presione la orilla con firmeza para encerrar el relleno. Presione la orilla con un tenedor. Ponga las empanadas sobre las charolas que preparó; barnícelas con la mezcla de huevo. En la parte superior, haga 3 cortes a lo ancho con la punta de un cuchillo de uso práctico. Hornee de 15 a 20 minutos o hasta que estén doradas. Pase las empanadas a rejillas de alambre; déjelas enfriar por completo. Guárdelas a temperatura ambiente en un recipiente hermético. *Rinde unas 4 docenas de empanadas*

Nota: No congele las empanadas.

Empanadas Argentinas Dulces

Galletas de Avena con Doble Chocolate

360 g de cubierta de chocolate semiamargo en trozos (unas 2 tazas)

½ taza de margarina o mantequilla suavizada

½ taza de azúcar

1 huevo

¼ de cucharadita de vainilla

¾ de taza de harina de trigo

¾ de taza de avena (tradicional o de cocción rápida, sin cocer)

1 cucharadita de polvo para hornear

¼ de cucharadita de bicarbonato de sodio

¼ de cucharadita de sal (opcional)

Caliente el horno a 190 °C. En una cacerola chica, derrita 1 taza de trozos de chocolate. Aparte, bata la margarina y el azúcar hasta que esponjen; añada el chocolate derretido, el huevo y la vainilla. Incorpore la mezcla de harina, la avena, el polvo para hornear, el bicarbonato de sodio y la sal; revuelva bien. Ponga los trozos de chocolate restantes. En una charola para hornear sin engrasar, vierta cucharadas abundantes de la pasta. Hornee de 8 a 10 minutos. Deje enfriar por 1 minuto sobre la charola; después, pase a una rejilla de alambre.

Rinde unas 3 docenas de galletas

una mano amiga

HORNEE LAS GALLETAS EN LA REJILLA CENTRAL DEL HORNO, UNA CHAROLA A LA VEZ; CUANDO SE HORNEA EN MÁS DE UNA REJILLA AL MISMO TIEMPO, LAS GALLETAS SE DORAN EN FORMA DISPAREJA.

Galletas de Avena con Doble Chocolate

PURE
QUAKER
OATS
USE

Galletas de Avellana

6 avellanas crudas
2 cucharadas de margarina
¼ de taza de azúcar
2 claras de huevo batidas
1½ cucharaditas de vainilla
1½ tazas de harina de trigo
½ cucharadita de polvo para hornear
⅛ de cucharadita de sal
½ cucharadita de ralladura de cáscara de naranja

1. Caliente el horno a 190 °C. Ponga las avellanas en un molde; hornéelas hasta que estén bien doradas. Reduzca la temperatura del horno a 160 °C. Rocíe una charola para galletas con aceite en aerosol.

2. Mezcle la margarina con el azúcar; revuelva bien. Agregue las claras de huevo y la vainilla; revuelva bien. En un recipiente, mezcle la harina, el polvo para hornear, la sal y la ralladura de cáscara de naranja; revuelva bien. Pique finamente las avellanas tostadas; incorpore a la masa. Añada la mezcla de clara de huevo a la masa; revuelva bien.

3. Divida la masa a la mitad. Con una mitad de la masa haga un cilindro, sobre una superficie ligeramente enharinada. Repita el procedimiento con la otra mitad de masa. Hornee ambos cilindros hasta que, al insertar en el centro un palillo, éste salga limpio. Deje enfriar sobre una rejilla de alambre. Reduzca la temperatura del horno a 150 °C.

4. Cuando estén lo suficientemente fríos como para tocarlos, corte los cilindros en 8 rebanadas (de 1.5 cm de grosor). Hornee las rebanadas durante 12 minutos; después, voltee las rebanadas y hornee hasta que estén doradas por ambos lados.

Rinde 16 porciones

Galletas de Avellana

Galletas de Doble Chocolate

1 caja (8 cuadros) de cubierta de chocolate semiamargo

½ taza (1 barra) de mantequilla o margarina

½ taza de azúcar granulada

¼ de taza bien compacta de azúcar morena

1 huevo

1 cucharadita de vainilla

1 taza de harina

½ cucharadita de polvo para hornear

¼ de cucharadita de sal

¾ de taza de nuez picada (opcional)

CALIENTE el horno a 190 °C.

PONGA 1 cuadro de chocolate en un recipiente para horno de microondas y meta al horno, a temperatura ALTA, de 1 a 2 minutos hasta que casi se derrita, revuelva a la mitad del tiempo. Revuelva hasta que todo el chocolate se haya derretido.

CORTE 3 cuadros de chocolate en trozos grandes (de 1.5 cm).

BATA la mantequilla hasta que esté ligera y esponjosa. Bata gradualmente ambas azúcares. Incorpore el huevo y la vainilla. Agregue el chocolate derretido. Añada la harina, el polvo para hornear y la sal. Ponga los trozos de chocolate y la nuez. Refrigere la masa por 30 minutos.

VIERTA cucharadas abundantes de pasta, separadas unos 5 cm entre sí, en charolas para galleta engrasadas.

HORNEE de 8 a 10 minutos o hasta que estén ligeramente doradas. Deje enfriar por 2 minutos; saque de las charolas.

HORNEE en el microondas los 4 cuadros de chocolate restantes, a temperatura ALTA, de 1½ a 2 minutos hasta que estén casi derretidos; revuelva a la mitad del tiempo. Revuelva hasta que estén completamente disueltos.

REMOJE la mitad de cada galleta en el chocolate derretido. Deje reposar hasta que el chocolate esté firme.

Rinde unas 2 docenas de galletas (de 7.5 cm de diámetro)

Método Alternativo: En una olla gruesa, caliente el chocolate a fuego muy bajo; revuelva sin cesar hasta que se derrita. Retire del fuego. Continúe como se indica en la receta.

Consejo: No hornee de más las galletas. Cuando las saque del horno estarán suaves y se endurecerán al enfriarse.

Galletas de Doble Chocolate

Cuadros de Queso y Calabaza

- **¼ de taza de queso crema bajo en grasa, suavizado**
- **2 cucharadas de azúcar granulada**
- **3 cucharadas de sustituto de huevo**
- **1 taza compacta de azúcar morena**
- **½ taza de Puré de Ciruela (receta más adelante) o puré de ciruela preparado**
- **2 claras de huevo**
- **1 ½ cucharaditas de vainilla**
- **1 taza de harina de trigo**
- **1 cucharadita de polvo para hornear**
- **¾ de cucharadita de canela en polvo**
- **¼ de cucharadita de jengibre molido**
- **¼ de cucharadita de sal**
- **⅛ de cucharadita de clavo molido**
- **¾ de taza de calabaza cocida**

Caliente el horno a 180 °C. Con aceite en aerosol, rocíe un refractario o un molde cuadrado de 20 cm. En un recipiente chico, bata el queso crema con el azúcar granulada hasta que se incorporen. Agregue gradualmente el sustituto de huevo; bata hasta que se incorporen. En un recipiente grande, bata el azúcar morena, el Puré de Ciruela, las claras de huevo y la vainilla hasta que se incorporen. En un recipiente mediano, mezcle la harina, el polvo para hornear, la canela, el jengibre, la sal y el clavo; revuelva con la mezcla de azúcar morena. Bata la calabaza. Vierta la pasta uniformemente en el refractario que preparó. Sobre la pasta vierta cucharadas abundantes de la mezcla de queso crema. Con un cuchillo, revuelva un poco la mezcla de queso crema para darle un efecto de mármol. Hornee en el centro del horno, de 25 a 30 minutos, o hasta que, al insertar en el centro un palillo, éste salga limpio. Deje enfriar en el refractario por 15 minutos. Corte en cubos. Sirva caliente con helado de vainilla sin grasa o yogur congelado, si lo desea. *Rinde 9 porciones*

Puré de Ciruela: En el vaso del procesador de alimentos o en el de la licuadora, ponga 1⅓ tazas (225 g) de ciruelas sin hueso con 6 cucharadas de agua caliente; pulse el botón de encendido/apagado hasta que las ciruelas estén finamente picadas y suaves. Guarde el sobrante en un recipiente con tapa en el refrigerador hasta por dos meses. Rinde 1 taza.

Lunas de Nuez

3¾ tazas de harina

½ cucharadita de canela

1½ tazas (3 barras) de margarina

¾ de taza de jarabe de maíz

1 cucharada de vainilla

2¼ tazas de nuez molida

1½ tazas de azúcar glass

1. En un recipiente mediano, mezcle la harina y la canela.

2. En el tazón grande de la batidora eléctrica bata la margarina a velocidad media, hasta que esté cremosa. Gradualmente bata el jarabe de maíz y la vainilla hasta que estén bien mezclados. Incorpore la mezcla de harina y las nueces.

3. Tape y refrigere durante varias horas o hasta que pueda manejar la pasta.

4. Caliente el horno a 180 °C. Con cucharaditas abundantes de masa, forme cilindros de 5 cm de largo. Póngalos a 5 cm de distancia entre sí sobre charolas de galletas sin engrasar; cúrvelos para darles forma de luna creciente.

5. Hornee de 15 a 18 minutos o hasta que la parte inferior esté un poco dorada. Retire de las charolas de galletas; deje enfriar por completo sobre rejillas de alambre. Espolvoree con el azúcar glass.

Rinde unas 8 docenas de galletas

Brownies de Galleta

15 galletas sándwich de chocolate rellenas de vainilla, picadas

1 caja (600 g) de harina para brownies, preparada de acuerdo con las instrucciones de la caja

1 litro de helado de cualquier sabor

Incorpore los pedazos de galleta a la pasta para brownie preparada. Engrase un molde de 33×23 cm; vierta la pasta en el molde. Hornee siguiendo las instrucciones de la caja en cuanto al tiempo y la temperatura. Deje enfriar. Para servir, corte en 12 cubos y corone con una cucharada de helado.

Rinde 12 porciones

Barras de Nuez y Dátil

BASE

1 caja de harina para torta de vainilla

⅓ de taza de manteca y un poco más para engrasar

1 huevo

CUBIERTA

1¼ tazas de nuez

1 caja (225 g) de dátiles picados

1 taza de agua

½ cucharadita de extracto de vainilla

Azúcar glass

1. Caliente el horno a 180 °C. Engrase y enharine un molde de 33×23 cm.

2. Para la base, con un cortador de masa o con 2 cuchillos, corte ⅓ de taza de manteca sobre la harina para torta hasta que la mezcla se vea como migajas gruesas. Agregue el huevo; revuelva bien (la mezcla quedará grumosa). Pase la mezcla al molde y presiónela.

3. Para la cubierta, en una cacerola mediana, mezcle la nuez, los dátiles y el agua. Ponga a hervir y luego baje el fuego; deje cocer hasta que la mezcla se espese, revuelva sin cesar. Retire del fuego e incorpore el extracto de vainilla. Distribuya uniformemente la mezcla de dátil sobre la base. Hornee de 25 a 30 minutos. Deje enfriar por completo. Espolvoree con azúcar glass.

Rinde unas 32 barras

Barras de Nuez y Dátil

el final perfecto • el final perfecto • el final perfecto • el final perfecto

el final perfecto • el final perfecto • el final perfecto • el final perfecto

Pay de Queso Tortuga

6 cucharadas de margarina baja en calorías
1½ tazas de galletas de trigo entero, machacadas
2 sobres de gelatina sin sabor
2 cajas (de 225 g cada una) de queso crema sin grasa
2 tazas de queso cottage bajo en grasa
1 taza de azúcar
1½ cucharaditas de vainilla
1 envase (225 g) de crema batida baja en grasa, descongelada
¼ de taza de betún de caramelo sin grasa
¼ de taza de betún de chocolate sin grasa
¼ de taza de nuez picada

1. Con aceite en aerosol, rocíe el fondo y el costado de un molde con resorte de 23 cm de diámetro. Caliente el horno a 180 °C. En una cacerola chica, derrita la margarina a fuego medio. Incorpore la galleta machacada. Vierta la galleta en el molde y adhiérala al costado y al fondo del molde. Hornee durante 10 minutos; deje enfriar.

2. En una cacerola chica, ponga ½ taza de agua fría y espolvoree la gelatina. Deje reposar por 3 minutos para que se suavice. Caliente la gelatina a fuego bajo hasta que se disuelva por completo; revuelva sin cesar.

3. En el procesador de alimentos o en la licuadora, mezcle el queso crema, el queso cottage, el azúcar y la vainilla; procese hasta que se incorporen. Agregue la gelatina; procese hasta que se mezcle completamente. Revuelva de manera envolvente la crema batida. Vierta sobre la base; refrigere durante 4 horas o hasta que cuaje.

4. Afloje el resorte; retire el costado del molde. Rocíe los betunes de caramelo y de chocolate sobre el pay de queso. Antes de servir, espolvoree encima la nuez. *Rinde 16 porciones*

toque personal

SABOREE MÁS TARDE EL POSTRE. PARA QUÉ APRESURARSE A SERVIR UN ESPECTACULAR POSTRE POCO DESPUÉS DE UNA FABULOSA COMIDA, SI TODOS YA ESTÁN SATISFECHOS. PASE A LA SALA Y RELÁJESE JUNTO A LA CHIMENEA; AHÍ PUEDE SERVIR EL POSTRE Y EL CAFÉ, CUANDO TODOS ESTÉN DISFRUTANDO DE LA AGRADABLE COMPAÑÍA.

Rosca de Chocolate y Almendra

ROSCA

- **1 bolsa (200 g) de pasta de almendra pura**
- **½ taza de aceite vegetal y un poco más para engrasar**
- **3 huevos**
- **1 caja de harina para torta de chocolate**
- **1⅓ tazas de agua**

BETÚN

- **1 bolsa (180 g) de chispas de chocolate semiamargo**
- **3 cucharadas de jalea de cereza o de frambuesa sin semillas**
- **2 cucharadas de mantequilla o margarina**
- **1 cucharada de jarabe claro de maíz**
- **Almendras naturales rebanadas para adornar**
- **Cerezas enteras en almíbar o frambuesa fresca para adornar**

1. Caliente el horno a 180 °C. Engrase y enharine un molde para rosca de 25 cm de diámetro.

2. Para la rosca, en el tazón de la batidora eléctrica a velocidad media, bata la pasta de almendra con 2 cucharadas de aceite hasta que se incorporen. Agregue el aceite restante, 2 cucharadas a la vez. Añada 1 huevo; bata a velocidad media hasta que se incorpore. Agregue los 2 huevos restantes; bata hasta que esté suave. Incorpore la harina para torta y el agua; bata a velocidad media durante 2 minutos. Vierta en el molde. Hornee a 180 °C de 50 a 55 minutos o hasta que, al insertar en el centro un palillo, éste salga limpio. Deje enfriar por 25 minutos en el molde. Voltee sobre una rejilla para enfriar. Deje enfriar por completo.

3. Para el betún, en un recipiente mediano para horno de microondas, ponga las chispas de chocolate, la jalea de cereza, la mantequilla y el jarabe de maíz. Meta al horno de microondas a temperatura ALTA (100%) de 1 a 1½ minutos. Revuelva hasta que se derritan y se incorporen. Vierta el betún sobre la torta. Adorne con las rebanadas de almendra y las cerezas en almíbar.

Rinde de 12 a 16 porciones

Consejo: Esta receta también se puede preparar en el procesador de alimentos. Ponga la pasta de almendra en el recipiente del procesador con la hoja de cuchillo. Procese hasta que esté finamente picada. Agregue la harina para torta, los huevos, el agua y el aceite. Procese durante 1 minuto o hasta que esté suave. Hornee y deje enfriar como se indica arriba.

Rosca de Chocolate y Almendra

el final perfecto • el final perfecto • el final perfecto • el final perfecto
el final perfecto • el final perfecto • el final perfecto • el final perfecto

Panqué de Higo y Avellana

¾ de taza de avellana (unos 120 g), sin piel y picada

¾ de taza de higo seco entero (unos 120 g) picado

⅔ de taza de almendra blanqueada rallada (unos 90 g) picada

⅓ de taza de dulce de cáscara de naranja (cristalizada), picada

⅓ de taza de cáscara de limón cristalizada, picada

90 g de chocolate semiamargo finamente picado

3 huevos

½ taza de azúcar

1¼ tazas de harina de trigo

1¾ cucharaditas de polvo para hornear

¾ de cucharadita de sal

1. Caliente el horno a 150 °C. Engrase un molde para panqué de 20×10 cm. En un recipiente mediano, mezcle la avellana con el higo, la almendra, las cáscaras de naranja y limón y el chocolate; revuelva bien.

2. En el tazón grande de la batidora eléctrica, bata los huevos con el azúcar a velocidad alta durante unos 5 minutos o hasta que la mezcla adquiera un color amarillo pálido, se espese y esponje. Con delicadeza, con movimientos envolventes, incorpore la mezcla de avellana en la de huevo.

3. En un recipiente chico, revuelva la harina con el polvo para hornear y la sal. Cierna la mitad sobre la mezcla de huevo y combine con movimientos envolventes; repita con la otra mitad de la harina.

4. Vierta la pasta uniformemente en el molde que preparó. Hornee de 60 a 70 minutos hasta que la parte superior esté dorada y firme al tacto. Deje enfriar por 5 minutos en el molde sobre una rejilla de alambre. Saque el panqué del molde; deje que se enfríe por completo sobre la rejilla de alambre, durante 4 horas por lo menos. Rebane y sirva.

Rinde de 12 a 16 porciones

toque personal

Las velas crean un ambiente agradable en cualquier tipo de fiesta. Si le agrada la idea de una cena a luz de las velas, pero no le gusta que las velas chorreen, métalas al congelador un día antes de la fiesta. Las velas congeladas gotean menos y se consumen más lentamente.

Panqué de Higo y Avellana

el final perfecto • el final perfecto • el final perfecto • el final perfecto

el final perfecto • el final perfecto • el final perfecto • el final perfecto

Torta de Vainilla con Fresa

1 caja de harina para torta de vainilla

1 lata de betún de vainilla con mantequilla

⅓ de taza de mermelada de fresa sin semillas

Fresas frescas para adornar (opcional)

1. Caliente el horno a 180 °C. Engrase y enharine dos moldes redondos de 20 o 23 cm de diámetro.

2. Prepare, hornee y deje enfriar las tortas siguiendo las instrucciones de la receta básica de la caja.

3. Para armar la torta, ponga una capa sobre un platón. En una bolsa chica de plástico, ponga ¼ de taza de betún de vainilla. Recorte una punta y distribuya un poco de betún en la torta alrededor de la orilla exterior. Rellene el área restante con la mermelada de fresa. Encima ponga la otra capa de torta. Unte el betún restante en el costado y la parte superior de la torta. Decórela con fresas frescas, si lo desea.

Rinde de 12 a 16 porciones

Consejo: Puede sustituir el betún de vainilla con mantequilla, con betún de vainilla o de queso crema, si lo desea.

Torta de Zanahoria con Betún de Queso Crema

1 caja de harina para torta de zanahoria (de 2 capas)

1 paquete (225 g) de queso crema suavizado

⅓ de taza de azúcar granulada o pulverizada

¼ de taza de leche fría

1 envase (225 g) de crema batida descongelada

PREPARE la torta siguiendo las instrucciones de la caja para un molde de 33×23 cm. Deje enfriar por completo.

BATA el queso crema, el azúcar y la leche con un batidor de alambre, en un recipiente mediano, hasta que se incorporen. Con delicadeza, incorpore la crema batida. Unte sobre la torta.

REFRIGERE hasta el momento de servir. Adorne a su gusto.

Rinde 10 porciones

Nota: Sustituya la harina para torta de zanahoria con su receta favorita de torta de zanahoria.

Tiempo de Preparación: 20 minutos

Torta de Vainilla con Fresa

el final perfecto • el final perfecto • el final perfecto • el final perfecto

el final perfecto • el final perfecto • el final perfecto • el final perfecto

Pay de Queso Crème Brûlée

- **2 paquetes (de 225 g cada uno) de queso crema**
- **½ taza de azúcar granulada**
- **1 cucharadita de vainilla**
- **2 huevos**
- **1 yema de huevo**
- **1 base para pay lista para usar (de 180 g o de 23 cm de diámetro)**
- **½ taza compacta de azúcar morena**
- **1 cucharadita de agua**

1. PONGA el queso crema, el azúcar granulada y la vainilla en un tazón de la batidora eléctrica; bata a velocidad media hasta que se incorporen. Agregue los huevos y la yema de huevo; bata hasta que se incorporen.

2. VIERTA sobre la base para pay.

3. HORNEE a 180 °C durante 40 minutos o hasta que el centro esté casi cocido. Deje enfriar. Refrigere durante 3 horas o por toda la noche. Justo antes de servir, caliente un horno eléctrico. Mezcle el azúcar morena con el agua; distribúyala sobre el pay de queso. Ponga sobre una charola para galletas. Ase a 10 o 15 cm de la fuente de calor, de 1 a 1½ minutos o hasta que burbujee la parte superior.

Rinde 8 porciones

Tiempo de Preparación: 10 minutos

Tiempo de Horneado: 40 minutos

una mano amiga

Crème brûlée significa, literalmente, "crema quemada". Describe una natilla fría que se corona con azúcar morena o granulada y después se carameliza rápidamente debajo de un asador para crear una capa rígida. La capa proporciona una maravillosa textura que contrasta con la natilla cremosa. En esta receta, el pay de queso se corona con azúcar morena y se asa para recrear el mismo sabor y el contraste de textura.

Pay de Queso Crème Brûlée

el final perfecto • el final perfecto • el final perfecto • el final perfecto

Torta de Chocolate y Frambuesa

- **1⅓ tazas de harina de trigo**
- **1 taza de azúcar**
- **1½ cucharaditas de polvo para hornear**
- **½ cucharadita de sal**
- **2 huevos**
- **1 taza (250 ml) de crema batida fría**
- **½ cucharadita de extracto de almendra**
- **Relleno y Betún de Chocolate (receta más adelante)**
- **½ taza de almendra rallada**
- **¼ de taza de jalea de frambuesa sin semillas**
- **Crema batida endulzada (opcional)**

1. Caliente el horno a 180 °C. Engrase y enharine dos moldes redondos de 20 o 23 cm de diámetro.

2. Mezcle la harina con ½ taza de azúcar, el polvo para hornear y la sal. Bata las claras de huevo hasta que estén espumosas; agregue gradualmente ¼ de taza de azúcar y bata hasta que se formen picos rígidos. En otro recipiente, bata 1 taza de crema batida hasta que esté dura; mezcle de forma envolvente con las claras de huevo.

3. Mezcle las yemas de huevo, el azúcar restante y el extracto de almendra; con la batidora eléctrica a velocidad media, bata durante 3 minutos hasta que se espese y adquiera un color limón. Con delicadeza, combine con la mezcla de crema batida. Gradualmente incorpore, de forma envolvente, la mezcla de harina a la crema batida; mezcle justo hasta que los ingredientes se incorporen. Divida la pasta entre los moldes que preparó; alise la superficie.

4. Hornee de 25 a 30 minutos o hasta que la torta se contraiga un poco cuando lo toque en el centro. Deje enfriar por 5 minutos; desmolde y ponga sobre rejillas de alambre. Deje enfriar.

5. Prepare el RELLENO Y BETÚN DE CHOCOLATE. Corte horizontalmente cada torta por la mitad. Ponga una capa sobre un platón; unte con ⅔ de taza del RELLENO DE CHOCOLATE. Espolvoree con 1 cucharada de almendras; repita el procedimiento con dos capas más. Corone con la última capa; unte la jalea de frambuesa. Unte el costado de la torta con el relleno sobrante. Adorne la parte superior con la crema batida, si lo desea. Espolvoree la orilla y el centro con la almendra restante; refrigere hasta el momento de servir. Tape y refrigere lo que le sobre de la torta.

Rinde 16 porciones

RELLENO Y BETÚN DE CHOCOLATE: Mezcle ⅔ de taza de azúcar y ⅓ de taza de cacao en polvo. Agregue 1½ tazas de crema batida refrigerada y 1½ cucharaditas de extracto de vainilla; bata hasta que esté rígido. Rinde unas 3 tazas.

Deliciosa Rosca Esponjosa

ROSCA

3 tazas de azúcar

1 barra de mantequilla o 1 taza de manteca vegetal sabor mantequilla y un poco más para engrasar

5 huevos

3⅓ tazas de harina de trigo

½ cucharadita de polvo para hornear

½ cucharadita de sal

1 taza de leche

1 cucharadita de extracto de coco

1 cucharadita de extracto de ron

BETÚN

½ taza de azúcar

¼ de taza de agua

½ cucharadita de extracto de almendra puro

PARA ADORNAR (OPCIONAL)

Fruta fresca surtida

1. Caliente el horno a 160 °C. Engrase un molde para rosca con ondas, de 25 cm de diámetro (12 tazas de capacidad). Enharínelo ligeramente.

2. Para la rosca, en el tazón grande de la batidora eléctrica, combine 3 tazas de azúcar y 1 taza de manteca. Bata a velocidad baja hasta que se incorporen. Bata a velocidad media hasta que se mezclen bien. Agregue los huevos, 1 a la vez, batiendo por 1 minuto a velocidad baja después de cada adición.

3. En un recipiente mediano, mezcle la harina con el polvo para hornear y la sal. Añada a la mezcla cremosa alternadamente con la leche; comience y termine con la mezcla de harina. Bata a velocidad baja después de cada adición hasta que se incorporen bien. Ponga los extractos de coco y de ron. Bata a velocidad media durante 1 minuto. Vierta en el molde.

4. Hornee a 160 °C de 1 hora 30 minutos a 1 hora 40 minutos o hasta que, al insertar en el centro un palillo, éste salga limpio. Deje enfriar por 10 minutos antes de desmoldar. Ponga la rosca hacia arriba sobre una rejilla de alambre. Deje enfriar durante 20 minutos.

5. Para el betún, en una cacerola chica, mezcle ½ taza de azúcar, el agua y el extracto de almendra; ponga a hervir. Coloque un pedazo de papel encerado debajo de la rejilla de alambre; utilice todo el betún para barnizar la rosca tibia. Deje enfriar por completo.

6. Como adorno opcional, ponga cucharadas de diferentes frutas frescas sobre cada porción.

Rinde una rosca de 25 cm de diámetro (de 12 a 16 porciones)

Exquisita Rosca de Limón

ROSCA

- **1 caja de harina para torta de limón**
- **1 caja (para 4 porciones) de budín y relleno de limón para pay, instantáneo**
- **4 huevos**
- **1 taza de aceite vegetal**
- **¾ de taza de agua**
- **¼ de taza de jugo de limón**

BETÚN

- **2 tazas de azúcar glass**
- **⅓ de taza de jugo de limón**
- **2 cucharadas de agua**
- **2 cucharadas de mantequilla**
- **Azúcar glass adicional**
- **Rebanadas de limón y de fresa para adornar**

1. Caliente el horno a 160 °C. Engrase y enharine un molde para rosca de 25 cm de diámetro.

2. Para la rosca, en el tazón grande de la batidora eléctrica, ponga la harina para torta, el budín, los huevos, el aceite, ¾ de taza de agua y ¼ de taza de jugo de limón. Bata a velocidad baja hasta que se humedezcan los ingredientes. Bata a velocidad media por 2 minutos. Vierta en el molde. Hornee a 160 °C de 50 a 60 minutos o hasta que, al insertar en el centro un palillo, éste salga limpio. Deje enfriar en el molde durante 25 minutos. Desmolde y ponga a enfriar sobre una rejilla. Regrese el pan al molde. Con un palillo o con un tenedor de diente largo, perfore la parte superior de la torta tibia.

3. Para el betún, en un recipiente mediano, ponga 2 tazas de azúcar glass, ⅓ de taza de jugo de limón, 2 cucharadas de agua y la mantequilla derretida. Vierta lentamente sobre el pan tibio. Deje enfriar por completo. Ponga la rosca en un platón. Espolvoree con azúcar glass adicional. Adorne con rebanadas de limón y de fresa, si lo desea.

Rinde de 12 a 16 porciones

Consejo: Puede sustituir el jugo de limón por jugo de limón embotellado.

Exquisita Rosca de Limón

Delicioso Pay de Queso

- **½ taza de galletas de trigo entero**
- **4 cajas (de 225 g cada una) de queso Neufchâtel**
- **1 taza de azúcar**
- **¼ de cucharadita de extracto de vainilla**
- **2 huevos**
- **3 claras de huevo**

• CALIENTE el horno a 160 °C. Engrase la base de un molde con resorte de 23 cm de diámetro y espolvoree la galleta machacada.

• BATA el queso Neufchâtel, el azúcar y el extracto de vainilla en el tazón de la batidora eléctrica, a velocidad media, hasta que se incorporen. Agregue los huevos y las claras de huevo, 1 a la vez; revuelva a velocidad baja después de cada adición, justo hasta que se incorporen. Vierta en el molde.

• HORNEE de 45 a 50 minutos o hasta que el centro esté casi cocido. Pase un cuchillo o una espátula de metal alrededor de la orilla del molde para aflojar el pay; deje enfriar antes de retirar el costado del molde. Refrigere durante 4 horas o por toda la noche. Adorne con frambuesas, fresas o zarzamoras y hojas de menta.

Rinde 12 porciones

Pay de Nuez con Bourbon

- **Masa para corteza de pay de 23 cm de diámetro**
- **¼ de taza de mantequilla**
- **½ taza de azúcar**
- **3 huevos**
- **1½ tazas de jarabe de maíz**
- **2 cucharadas de bourbon**
- **1 cucharadita de extracto de vainilla**
- **1 taza de mitades de nuez**

Caliente el horno a 180 °C. Extienda la masa y cubra un molde para pay de 23 cm de diámetro; ralle la orilla. En el tazón grande de la batidora eléctrica, bata la mantequilla a velocidad media hasta que esté cremosa. Agregue el azúcar; bata hasta que esponje. Añada los huevos, uno a la vez, y bata bien después de cada adición. Ponga el jarabe de maíz, el bourbon y la vainilla; bata hasta que se incorporen. Vierta el relleno en el molde. Acomode encima las mitades de nuez. Hornee en la rejilla inferior del horno de 50 a 55 minutos o hasta que, al insertar fuera del centro un cuchillo, éste salga limpio (el relleno debe quedar esponjoso). Ponga sobre una rejilla para que se enfríe. Sirva a temperatura ambiente o refrigere hasta por 24 horas.

Rinde de 6 a 8 porciones

Delicioso Pay de Queso

el final perfecto • el final perfecto • el final perfecto • el final perfecto

el final perfecto • el final perfecto • el final perfecto • el final perfecto

Pay de Manzana con Base de Queso Cheddar

BASE

- **2 tazas de harina de trigo cernida**
- **1 taza de queso cheddar rallado**
- **½ cucharadita de sal**
- **⅔ de una barra o ⅔ de taza de manteca vegetal**
- **5 a 6 cucharadas de agua helada**

RELLENO

- **6 tazas de rebanadas de manzana pelada (unos 900 g o 6 medianas)**
- **1 taza de sidra de manzana**
- **⅔ de taza de azúcar**
- **2 cucharadas de fécula de maíz**
- **2 cucharadas de agua**
- **½ cucharadita de canela**
- **1 cucharada de mantequilla**

PARA BARNIZAR

- **1 yema de huevo**
- **1 cucharada de agua**

1. Caliente el horno a 200 °C.

2. Para la base, en el recipiente del procesador de alimentos, ponga la harina, el queso y la sal. Agregue la manteca y procese durante 15 segundos. Rocíe con agua a través del tubo de alimentación, 1 cucharada a la vez, hasta que se forme la masa (el tiempo de procesado no debe exceder los 20 segundos). Forme una bola y divida la masa a la mitad. Presione la masa entre sus manos para formar dos "tortillas" de 13 a 15 cm de diámetro. Extienda una mitad de masa y póngala en un molde para pay de 23 cm de diámetro.

3. Para el relleno, ponga la manzana, la sidra de manzana y el azúcar en una cacerola grande. Caliente y revuelva a fuego medio-alto hasta que la mezcla hierva. Reduzca el fuego a bajo y deje cocer por 5 minutos. Mezcle la fécula de maíz con el agua y la canela. Incorpore a la manzana. Caliente y revuelva hasta que la mezcla hierva. Retire del fuego. Incorpore la mantequilla. Vierta sobre la base de pay sin cocer. Humedezca con agua la orilla de la masa.

4. Extienda la otra mitad de masa tal como hizo con la base. Ponga sobre el pay. Recórtela de manera que sobresalga 1.5 cm por la orilla del molde para pay. Doble la parte superior hacia abajo sobre la masa de la base. Acanale la masa en la orilla y, en la parte superior, haga unos cortes o un diseño para permitir que salga el vapor.

5. Para barnizar el pay, bata la yema de huevo con un tenedor; agregue el agua y revuelva; barnice la parte superior del pay.

6. Hornee a 200 °C de 35 a 40 minutos o hasta que el relleno burbujee en el centro y se dore la corteza. Cubra el borde con papel de aluminio, si es necesario, para evitar que se queme. No hornee de más. Deje enfriar a temperatura ambiente antes de servir.

Rinde 1 pay (de 23 cm de diámetro)

Pay de Manzana con Base de Queso Cheddar

Tarta de Fruta Fresca

- **1⅔ tazas de harina de trigo**
- **⅓ de taza de azúcar**
- **¼ de cucharadita de sal**
- **½ taza de mantequilla**
- **1 yema de huevo**
- **2 a 3 cucharadas de leche**
- **1 paquete (225 g) de queso crema**
- **⅓ de taza de mermelada de fresa**
- **2 a 3 tazas de fruta fresca, como rebanadas de plátano (banana), kiwi, zarzamora, durazno, (melocotón) ciruela, frambuesas y mitades de fresa**
- **¼ de taza de jalea de manzana, derretida**
- **¼ de taza de almendra sin blanquear, tostada y rebanada (opcional)**

1. En el procesador de alimentos o en la licuadora, mezcle la harina, el azúcar y la sal; procese hasta que se mezclen. Agregue la mantequilla; procese pulsando el botón de encendido/apagado hasta que la mezcla parezca pan molido. Añada la yema de huevo y 2 cucharadas de leche; procese hasta que la masa se separe del recipiente. Vierta más leche, a cucharaditas, si es necesario. Con la masa haga una tortilla. Envuélvala con plástico y refrigérela por 30 minutos o hasta que esté firme.

2. Caliente el horno a 180 °C. Extienda la masa, sobre una superficie ligeramente enharinada, hasta que mida .5 cm de grosor. Corte un círculo de 30 cm de diámetro; pase a un molde para tarta con base removible de 25 cm de diámetro. Presione un poco la masa en la base y el costado del molde; recorte la orilla conforme a la orilla del molde. Hornee de 16 a 18 minutos o hasta que esté un poco dorada. Pase a una rejilla de alambre y deje enfriar por completo.

3. En un recipiente chico, mezcle el queso crema con la mermelada; revuelva bien. Distribuya equitativamente sobre la corteza fría. Acomode la fruta de manera decorativa sobre la capa de queso crema. Barnice la fruta con la jalea de manzana. Espolvoree la almendra, si lo desea. Sirva de inmediato o refrigere hasta por 2 horas antes de servir. *Rinde 8 porciones*

Tarta de Fruta Fresca

Postre de Cereza

- **1 lata (600 g) de relleno para pay de cereza**
- **½ cucharadita de extracto de almendra**
- **½ taza de harina de trigo**
- **½ taza bien compacta de azúcar morena**
- **1 cucharadita de canela en polvo**
- **3 cucharadas de mantequilla**
- **½ taza de nuez picada**
- **¼ de taza de coco rallado**
- **Helado o crema batida**

En un molde para horno cuadrado de 20 cm, sin engrasar, vierta el relleno para pay de cereza. Incorpore el extracto de almendra.

Mezcle la harina, el azúcar morena y la canela en un recipiente mediano; revuelva bien. Agregue la mantequilla y revuelva con un tenedor hasta que la mezcla se desmorone. Incorpore la nuez y el coco. Espolvoree la mezcla sobre la cereza.

Hornee a 180 °C durante 25 minutos o hasta que la parte superior esté dorada y el relleno de cereza burbujee. Sirva tibio o a temperatura ambiente. Si lo desea, corone con helado o crema batida.

Rinde 6 porciones

Nota: Puede duplicar esta receta. Hornee en dos moldes cuadrados de 20 cm o en uno de 33×23×5 cm.

toque personal

Haga de este delicioso postre el regalo perfecto para sus invitados. Mezcle la harina, el azúcar y la canela, vierta la mezcla en un frasco con tapa que cierre bien. Ponga la nuez y el coco en otro frasco. Coloque ambos frascos, la lata de relleno para pay de cereza y la receta del Postre de Cereza en una canasta decorativa. Ate todo con un bonito trapo de cocina y su regalo está listo.

Postre de Cereza

Tarta de Queso y Amaretto

BASE

- **¾ de taza de galletas de amaretto desmoronadas**
- **¾ de taza de migajas de bizcocho de canela**
- **1 cucharada de azúcar**
- **¼ de taza de Puré de Ciruela (receta más adelante)**

RELLENO

- **1 envase (450 g) de queso cottage**
- **120 g de queso crema**
- **2 huevos**
- **2 cucharadas de licor de almendra**

FRUTA Y GLAZÉ

- **2 naranjas peladas y rebanadas en rodajas**
- **1 kiwi pelado y rebanado en rodajas**
- **2 cucharadas de jalea de manzana derretida**
- **Frambuesa fresca, cáscara de naranja y hojas de menta para adornar**

Caliente el horno a 160 °C. Para preparar la base, en un recipiente mediano, mezcle las migajas con el azúcar. Vierta encima el Puré de Ciruela y corte con un cortador de pasta hasta que la mezcla parezca pan molido grueso. Pase la mezcla a un molde para pay de 23 cm de diámetro con base removible; compáctela en la base y el costado del molde. Para preparar el relleno, procese el queso cottage y el queso crema en un procesador de alimentos, de 3 a 5 minutos o hasta que se incorporen. Agregue los huevos y el licor; procese hasta que se mezclen. Vierta en la corteza que preparó. Hornee en el centro del horno por 30 minutos o hasta que el relleno esté cocido. Deje enfriar sobre una rejilla de alambre; refrigere hasta que esté completamente frío. Acomode la fruta sobre el relleno. Barnice la fruta con la jalea. Adorne con las frambuesas, la cáscara de naranja y la menta. Corte en rebanadas.

Rinde 10 porciones

Puré de Ciruela: En el vaso del procesador de alimentos o en el de la licuadora, ponga 1⅓ tazas (225 g) de ciruelas sin hueso con 6 cucharadas de agua caliente; pulse el botón de encendido/apagado hasta que las ciruelas estén finamente picadas y suaves. Guarde el sobrante en un recipiente con tapa en el refrigerador hasta por dos meses. Rinde 1 taza.

Tarta de Queso y Amaretto

Pay de Avellana y Chocolate

Base de Avellana y Chocolate (receta más adelante)

1 sobre de gelatina sin sabor

¼ de taza de agua fría

2 tazas de crema batida

1½ tazas de chispas de chocolate semiamargo

½ taza de sustituto de huevo, líquido

3 cucharadas de licor de avellana

1 cucharadita de vainilla

24 caramelos envueltos

1. Prepare la Base de Avellana y Chocolate.

2. Espolvoree la gelatina sobre el agua; deje reposar por 3 minutos, sin revolver, para que la gelatina se suavice. Caliente a fuego bajo, revolviendo sin cesar, hasta que la gelatina se disuelva.

3. Incorpore 1 taza de crema batida en la mezcla de gelatina. Caliente justo hasta que empiece a hervir; retire del fuego. Agregue las chispas de chocolate; revuelva hasta que se derrita el chocolate.

4. Añada ½ taza de crema batida, el sustituto de huevo, el licor y la vainilla; bata bien. Vierta en un tazón grande; refrigere durante unos 15 minutos o hasta que se espese.

5. En una cacerola chica, mezcle los caramelos con la crema batida restante; ponga a fuego bajo, revuelva de vez en cuando, hasta que se derritan completamente y se incorporen.

6. Vierta la mezcla de caramelo en la base que preparó; deje reposar durante unos 10 minutos.

7. Con la batidora eléctrica, bata la gelatina espesa a velocidad media hasta que se suavice. Vierta sobre la capa de caramelo; refrigere por 3 horas o hasta que esté firme. Adorne, si lo desea.

Rinde de 6 a 8 porciones

Base de Avellana y Chocolate

30 galletas de barquillo de chocolate

¾ de taza de avellana tostada

½ taza de mantequilla o margarina derretida

Caliente el horno a 180 °C. En la licuadora, ponga la galleta con la avellana; procese pulsando el botón de encendido/apagado hasta que todo esté finamente picado. En un recipiente mediano, mezcle la galleta con la mantequilla; revuelva. Pase a un molde para pay de 23 cm de diámetro y compacte en la base y el costado del molde; forme un borde alto. Hornee por 10 minutos; deje enfriar sobre una rejilla de alambre.

Pay de Fresa Margarita

- **1¼ tazas de pretzels machacados**
- **¼ de taza de azúcar**
- **10 cucharadas de mantequilla o margarina derretida**
- **1 lata (420 g) de leche condensada endulzada**
- **2 tazas de fresa machacada o hecha puré**
- **½ taza de jugo de lima**
- **1 lata (225 g) de crema batida descongelada**

MEZCLE los pretzels con el azúcar y la mantequilla en un molde para pay de 23 cm de diámetro. Compacte la mezcla en la base y el costado del molde. Refrigere hasta el momento de rellenarlo.

COMBINE la leche condensada, la fresa y el jugo de lima en un recipiente grande; revuelva hasta que se incorporen. Con suavidad, agregue la crema batida; vierta en el molde para pay.

CONGELE durante 6 horas o por toda una noche. Deje reposar a temperatura ambiente por 15 minutos o hasta que pueda cortar el pay con facilidad. Adorne con crema batida adicional, fresas y cáscara de lima, si lo desea. *Rinde 8 porciones*

Sugerencia Útil: Para que sea más fácil servir el pay, remoje el molde con el pay en agua tibia, sólo hasta el borde, durante 30 segundos.

Nota: Puede sustituir la base para pay con dos moldes comerciales para pay (de 180 g o de 23 cm de diámetro). Divida el relleno equitativamente en los dos moldes.

Pay de Lima Margarita: Omita la fresa y el jugo de lima; agregue una lata de 360 ml de jugo de lima concentrado; continúe como se indica arriba.

Tiempo de Preparación: 10 minutos

toque personal

¡ABUNDANCIA DE FLORES! NO COLOQUE EL TRADICIONAL ARREGLO DE FLORES EN EL CENTRO DE LA MESA: PÓNGALE UNO A CADA COMENSAL. HAGA ARREGLOS CHICOS EN DIFERENTES VASOS PARA JUGO DE FORMAS VARIADAS Y COLÓQUELOS EN EL LUGAR ASIGNADO A CADA PERSONA.

Strudel de Pera y Cereza

4 tazas de pera, pelada y rebanada

1 cucharada de jugo de limón

½ taza de migajas de galleta de barquillo de vainilla

½ taza de cerezas secas

¼ de taza de azúcar

1½ cucharaditas de ralladura de cáscara de limón

½ cucharadita de canela en polvo

500 g de hojas de pasta filo

⅓ de taza de mantequilla

Azúcar glass

Caliente el horno a 200 °C. En un recipiente grande, ponga la pera y báñela con el jugo de limón. Mezcle las migajas de galleta, la cereza, el azúcar, la ralladura de limón y la canela en un recipiente chico; revuelva bien. Espolvoree sobre la pera y revuelva con suavidad. Extienda la pasta filo; cubra con papel encerado y un trapo húmedo. Conserve todo el tiempo la masa debajo del trapo. Barnice la masa con mantequilla. Ponga la mezcla de pera a lo largo de la orilla de la pasta en una franja de 7.5 cm de ancho. Ayúdese con el trapo para enrollar la pasta; suavemente, levante y enrolle la pasta. Con cuidado, coloque el rollo sobre una charola para hornear. Barnice el rollo con la mantequilla. Hornee de 25 a 30 minutos o hasta que se dore. Deje enfriar un poco y espolvoree con el azúcar glass. Sirva tibio o frío.

Rinde de 10 a 12 porciones

toque personal

¿ESPACIO LIMITADO? SI SU MESA ES MUY PEQUEÑA PARA SENTAR A TODOS SUS INVITADOS, NO UTILICE MANTELES INDIVIDUALES: PONGA UN SOLO MANTEL O NO PONGA NADA; ASÍ PODRA COLOCAR LOS LUGARES MÁS CERCA. ADEMÁS, TRATE DE NO UTILIZAR SILLAS MUY GRANDES, PUES OCUPARÁN MUCHO ESPACIO.

Strudel de Pera y Cereza

el final perfecto • el final perfecto • el final perfecto • el final perfecto

el final perfecto • el final perfecto • el final perfecto • el final perfecto

Bombones Capuchinos

- **1 caja grande de harina para brownies**
- **⅓ de taza de agua**
- **⅓ de taza de aceite de canola**
- **2 huevos**
- **1½ cucharadas de café instantáneo**
- **1 cucharadita de canela en polvo**
- **Crema batida**
- **Canela**

1. Caliente el horno a 180 °C. En una charola para galletas, ponga moldes de papel de aluminio de 5 cm de diámetro.

2. Combine la harina para brownies, el agua, el aceite, los huevos, el café instantáneo y la canela. Revuelva con una cuchara hasta que se mezclen bien, unas 50 veces. Rellene cada molde con 1 cucharada de pasta. Hornee de 12 a 15 minutos o hasta que, al insertar en el centro un palillo, éste salga limpio. Deje enfriar por completo. Adorne con crema batida y una pizca de canela. Refrigérelos hasta el momento de servirlos.

Rinde unos 40 brownies

Consejo: Para hacer más grandes los brownies, utilice 12 moldes de papel de aluminio de 7 cm de diámetro y rellénelos con ¼ de taza de la pasta. Hornee de 28 a 30 minutos.

Fresas Cubiertas con Chocolate

- **1 caja (8 cuadros) de chocolate semiamargo**
- **2 cucharaditas de mantequilla o manteca**
- **1.500 kg de fresas chicas sin cáliz**
- **1 envase (225 g) de crema batida descongelada**
- **Hojas de menta fresca**

PONGA el chocolate y la mantequilla en un tazón para horno de microondas; hornee a temperatura ALTA de 1½ a 2 minutos o hasta que el chocolate esté casi derretido; revuelva a la mitad del tiempo. Mueva el chocolate hasta que se derrita por completo.

REMOJE las fresas en el chocolate; cubra por lo menos la mitad de la fresa. Póngalas sobre papel encerado; deje reposar hasta que el chocolate esté firme.

ACOMODE unas 6 fresas con chocolate y ⅓ de taza de crema batida en 8 copas para postre, poco tiempo antes de servir. Adorne con las hojas de menta.

Rinde 8 porciones

Bombones Capuchinos

el final perfecto • el final perfecto • el final perfecto • el final perfecto

Cáscara de Naranja Cristalizada

6 naranjas grandes de cáscara gruesa
5½ tazas de agua
5 tazas de azúcar

Con un cuchillo para pelar, corte tiras largas de la cáscara de naranja y despréndala de la membrana blanca. Desprenda toda la membrana medular de la cáscara y corte ésta en tiras de 5×1 cm. Coloque un pedazo de papel encerado debajo de una rejilla de alambre. En una olla gruesa de 3 litros de capacidad, ponga a hervir 4 tazas de agua a fuego alto. Agregue la cáscara; deje que vuelva a hervir. Reduzca el fuego a bajo. Tape y deje cocer por 20 minutos. Escurra y repita el procedimiento 2 veces más.

En la misma olla, ponga a hervir 4½ tazas de azúcar con 1½ tazas de agua a fuego medio, revuelva de vez en cuando. Reduzca el fuego a bajo. Con cuidado, ponga un termómetro para dulces en el costado de la olla (no deje que el bulbo toque el fondo del recipiente). Cueza a fuego bajo, sin revolver, durante unos 20 minutos o hasta que el termómetro registre 110 °C. Agregue la cáscara escurrida. Cueza a fuego bajo por 20 minutos más o hasta que el termómetro registre 115°C; revuelva de vez en cuando. Retire del fuego. Saque las tiras y póngalas sobre la rejilla de alambre. Deje enfriar las tiras hasta que el almíbar se haya escurrido.

Ponga el azúcar restante sobre otra hoja de papel encerado. Revuelque las tiras, una a la vez, sobre el azúcar. Déjelas sobre la rejilla de alambre durante 1 hora o hasta que estén secas. Guárdelas en un recipiente hermético. Consérvelas en un lugar frío hasta por 2 semanas. Si las tiras se ponen un poco pegajosas, vuelva a revolcarlas sobre azúcar. *Rinde unas 90 tiras*

Variante: Derrita ½ taza de chispas de chocolate semiamargo y 1 cucharada de mantequilla, a fuego bajo; revuelva hasta que se incorporen. Remoje un extremo de cada tira en el chocolate derretido; póngala sobre la rejilla de alambre sobre papel encerado para que se seque. Deje que el chocolate se enfríe antes de guardar las tiras.

toque personal

¿Quieres un regalo diferente para tu fiesta? Decora una lata con la figura que más te guste y llénala con Cáscaras de Naranja Cristalizada y bolsitas de café gourmet.

Cáscara de Naranja Cristalizada

el final perfecto • el final perfecto • el final perfecto • el final perfecto

el final perfecto • el final perfecto • el final perfecto • el final perfecto

Palanqueta de Cacahuate Clásica

Aceite antiadherente en aerosol
1 taza de jarabe de maíz, claro u oscuro
1 taza de azúcar
¼ de taza de agua
2 cucharadas de margarina o mantequilla
1½ tazas de cacahuate (maní)
1 cucharadita de bicarbonato de sodio

1. Con el aceite en aerosol, rocíe una charola grande para galletas y una espátula de metal.

2. En una cacerola de 3 litros de capacidad, mezcle el jarabe de maíz, el azúcar, el agua y la margarina. Revolviendo sin cesar, cueza a fuego medio hasta que el azúcar se disuelva y la mezcla hierva.

3. Sin revolver, cueza hasta que la temperatura llegue a 280 °C en un termómetro para dulces o hasta que, al dejar caer en agua muy fría un poco de la mezcla, ésta se separe en bolitas duras, pero no quebradizas.

4. Agregue gradualmente el cacahuate. Revuelva con frecuencia y continúe cociendo hasta que la temperatura llegue a 150 °C o hasta que, al dejar caer en agua muy fría un poco de la mezcla, ésta se separe en bolitas duras y quebradizas. Retire del fuego; incorpore el bicarbonato de sodio.

5. De inmediato, vierta la mezcla en la charola para galletas. Con la espátula de metal, extienda la mezcla uniformemente hasta las orillas. Deje enfriar; luego corte en barras. *Rinde unos 675 g*

Dulce Tropical Helado de Mango y Coco

1 lata (730 g) de rebanadas de mango escurridas
½ taza de crema de coco enlatada
1 cucharada de jugo de lima
⅓ de taza de nuez tostada picada

1. En el procesador de alimentos, ponga el mango, la crema de coco y el jugo de lima; procese de 1 a 2 minutos o hasta que se incorporen.

2. Sirva en copas para postre chicas o en tazas para natilla. Corone con la nuez. Acomode las copas sobre una charola; tápelas y congélelas durante 8 horas o por toda una noche. Saque del congelador y deje que se descongelen un poco antes de servir. Sirva de inmediato. *Rinde 4 porciones*

Dulce Tropical Helado de Mango y Coco

Postre de Chocolate y Frambuesa

3 tazas de leche fría

2 cajas (para 4 porciones cada una) de budín y relleno de chocolate para pay, instantáneo

1 envase (360 g) de crema batida

1 brownie cuadrado de 23 cm, horneado y en cubos de 2.5 cm

500 g de frambuesas

VIERTA la leche fría en un recipiente grande; agregue las cajas de budín. Bata con un batidor de alambre por 2 minutos. Con suavidad, incorpore 2 tazas de crema batida.

PONGA la mitad de los cubos de brownie en un refractario de 2 litros de capacidad. Corone con la mitad de la mezcla de budín, la mitad de la frambuesa y 2 tazas de crema batida. Repita las capas y corone con el resto de la crema batida.

REFRIGERE por 1 hora o hasta el momento de servir.

Rinde 12 porciones

Tiempo de Preparación: 15 minutos

Brownie Horneado Alaska

2 brownies (cuadros de 7 cm)

2 bolas de helado de chocolate

⅓ de taza de chispas de chocolate semiamargo

5 cucharadas de jarabe claro de maíz o leche

2 claras de huevo

¼ de taza de azúcar

1. Caliente el horno a 260 °C. Ponga los brownies sobre una charola chica para galletas; corónelos con una bola de helado y métalos al congelador.

2. A fuego bajo, derrita las chispas de chocolate en una cacerola chica. Incorpore el jarabe de maíz; conserve caliente.

3. Bata las claras de huevo hasta que se le formen picos rígidos. Incorpore gradualmente el azúcar; continúe batiendo hasta que se le formen picos rígidos. Distribuya sobre el helado y el brownie con una espátula chica.

4. Hornee hasta que se dore el merengue. Ponga la salsa de chocolate en platos para postre; coloque encima los brownies horneados.

Rinde 2 porciones

Brownie Horneado Alaska

el final perfecto • el final perfecto • el final perfecto • el final perfecto

el final perfecto • el final perfecto • el final perfecto • el final perfecto

el final perfecto • el final perfecto • el final perfecto • el final perfecto

Sorbete de Durazno

1 lata (430 g) de duraznos (melocotones) en almíbar

1 cucharadita de extracto de vainilla

1. Meta al congelador la lata de duraznos sin abrirla; congele durante unas 24 horas. (La lata puede hincharse un poco.) Sumerja la lata congelada, sin abrirla, en agua corriente muy caliente durante 1 minuto. Abra la lata y vierta el almíbar descongelado en el recipiente del procesador de alimentos.* Saque los duraznos congelados de la lata.

2. Corte los duraznos en 8 trozos. Ponga los trozos en el procesador de alimentos; agregue la vainilla. Procese hasta obtener puré; limpie las cuchillas conforme sea necesario. Sirva de inmediato o vierta en un recipiente y congele hasta que tenga la firmeza que desee. *Rinde 3 porciones*

**No se recomienda moler en licuadora o en un procesador de alimentos chico.*

Sorbete de Piña Colada: Siga las instrucciones, pero, en lugar de durazno y vainilla, utilice 1 lata de piña en almíbar, 2½ cucharadas de leche de coco bien fría y, si lo desea, ½ cucharada de ron o ½ cucharadita de extracto de ron.

Sorbete de Pera y Jengibre: Siga las instrucciones, pero, en lugar de durazno y vainilla, emplee 1 lata de peras en almíbar y ½ cucharadita de jengibre picado.

una mano amiga

¡CONSERVE TODO FRÍO! PONGA LOS PLATOS PARA EL POSTRE Y LAS CUCHARAS EN EL CONGELADOR HASTA QUE SE CONGELEN. CUANDO VAYA A SERVIR EL POSTRE, SÍRVALO EN LOS PLATOS CONGELADOS; TODOS VAN A DISFRUTAR ESTE DETALLE.

Crema de Chocolate Tradicional

2 tazas de azúcar

¾ de taza de leche

2½ barras (de 28 g cada una) de chocolate sin endulzar para hornear, en trozos

2 cucharadas de jarabe claro de maíz

¼ de cucharadita de sal

2 cucharadas de mantequilla

1 cucharadita de extracto de vainilla

1. Forre un molde cuadrado de 20 cm con papel de aluminio; deje un trozo extra de papel sobre las orillas del molde. Unte un poco de mantequilla sobre el papel.

2. En una cacerola de 2 litros de capacidad, mezcle el azúcar, la leche, el chocolate, el jarabe y la sal. Cueza a fuego medio, revolviendo sin cesar, hasta que la mezcla hierva intensamente. Cueza, revolviendo de vez en cuando, hasta que la mezcla alcance 110 °C en un termómetro para dulces o hasta que, al dejar caer en agua un poco de la mezcla, ésta forme una bola suave que se aplane cuando la saque del agua. (El bulbo del termómetro para dulces no debe tocar el fondo de la cacerola.)

3. Retire del fuego. Agregue la mantequilla y la vainilla. NO REVUELVA. Deje enfriar a temperatura ambiente hasta que llegue a 45 °C (tibio). Bata con una cuchara de madera hasta que el chocolate se espese y comience a perder un poco de brillo. Distribuya rápidamente en el molde que preparó. Deje enfriar por completo. Corte en cubos. Guarde a temperatura ambiente en un recipiente con tapa hermética.

Rinde unas 3 docenas de cubos o 675 g

Nota: Para obtener mejores resultados, no duplique esta receta.

Tiempo de Preparación: 20 minutos

Tiempo de Cocción: 25 minutos

Tiempo para Enfriar: 2½ horas

Plátano Flambé

1 plátano (banana) grande

4 cucharaditas de miel

4 cucharaditas de nuez picada

4 cucharaditas de brandy (opcional)

Corte el plátano, sin pelarlo, por la mitad a lo largo; póngalo en un recipiente a prueba de fuego. Rocíe la superficie cortada de cada mitad con 2 cucharaditas de miel y espolvoree encima la nuez. En la rejilla superior de un asador previamente calentado, ase el plátano durante unos 5 minutos o hasta que esté caliente, pero no quemado. Saque del asador. Si lo desea, vierta brandy encima y flamee.

Rinde 2 porciones

Consejo: La miel de flor de naranja es muy recomendable para este postre.

Fondue de Piña

1 lata (225 g) de puré de piña en su jugo, sin escurrir

1 taza de jugo de manzana

¼ de taza de salsa para carne

¼ de taza de azúcar morena

1 cucharada de fécula de maíz

1 piña mediana cortada en trozos

1 panqué (360 g) cortado en cubos

500 g de fresas cortadas por la mitad

1 manzana Granny Smith rebanada

En una cacerola chica, mezcle el puré de piña, el jugo de manzana, la salsa para carne, el azúcar morena y la fécula de maíz hasta que se incorporen. Cueza y revuelva a fuego medio hasta que hierva; reduzca el fuego. Deje cocer por 1 minuto; conserve caliente.

En 16 agujas de metal para brocheta (de 25 cm de largo), inserte alternados los pedazos de piña y los cubos de panqué. Ase las brochetas a fuego medio hasta que estén un poco tostadas, de 3 a 5 minutos; gire de vez en cuando. Saque la piña y el panqué de las agujas; acomódelos en un platón grande con el resto de la fruta. Sirva con la salsa caliente para remojarlos.

Rinde 16 porciones

el final perfecto • el final perfecto • el final perfecto

el final perfecto • el final perfecto • el final perfecto

índice

notas

TABLA DE CONVERSIÓN

MEDIDAS DE CAPACIDAD (seco)

⅛ de cucharadita = 0.5 ml
¼ de cucharadita = 1 ml
½ cucharadita = 2 ml
¾ de cucharadita = 4 ml
1 cucharadita = 5 ml
1 cucharada = 15 ml
2 cucharadas = 30 ml
¼ de taza = 60 ml
⅓ de taza = 75 ml
½ taza = 125 ml
⅔ de taza = 150 ml
¾ de taza = 175 ml
1 taza = 250 ml
2 tazas = 1 pinta (pint) = 500 ml
3 tazas = 750 ml
4 tazas = 1 litro (1 quart)

MEDIDAS DE CAPACIDAD (líquido)

30 ml = 2 cucharadas = 1 fl. oz
125 ml = ½ taza = 4 fl. oz
250 ml = 1 taza = 8 fl. oz
375 ml = 1 ½ tazas = 12 fl. oz
500 ml = 2 tazas = 16 fl. oz

PESO (masa)

15 g = ½ onza (oz)
30 g = 1 onza (oz)
90 g = 3 onzas (oz)
120 g = 4 onzas (in)
225 g = 8 onzas (in)
285 g = 10 onzas (in)
360 g = 12 onzas (in)
450 g = 16 onzas (in)

115 g = ¼ de libra (lb)
150 g = ⅓ de libra (lb)
225 g = ½ libra (lb)
340 g = ¾ de libra (lb)
450 g = 1 libra = 1 pound
565 g = 1¼ libras (lb)
675 g = 1½ libras (lb)
800 g = 1¾ libras (lb)
900 g = 2 libras (lb)
1.125 kg = 2 ½ libras (lb)
1.240 kg = 2 ¾ libras (lb)
1.350 kg = 3 libras (lb)
1.500 kg = 3 ½ libras (lb)
1.700 kg = 3 ¾ libras (lb)
1.800 kg = 4 libras (lb)
2.250 kg = 5 libras (lb)
2.700 kg = 6 libras (lb)
3.600 kg = 8 libras (lb)

TEMPERATURA DEL HORNO

48 °C = 120 °F
54 °C = 130 °F
60 °C = 140 °F
65 °C = 150 °F
70 °C = 160 °F
76 °C = 170 °F
81 °C = 180 °F
92 °C = 200 °F
120 °C = 250 °F
140 °C = 275 °F
150 °C = 300 °F
160 °C = 325 °F
180 °C = 350 °F
190 °C = 375 °F
200 °C = 400 °F
220 °C = 425 °F
230 °C = 450 °F
240 °C = 500 °F

LONGITUD

0.2 cm = 1⁄16 de pulgada (in)
0.3 cm = ⅛ de pulgada (in)
0.5 cm = ¼ de pulgada (in)
1.5 cm = ½ pulgada (in)
2.0 cm = ¾ de pulgada (in)
2.5 cm = 1 pulgada (in)

MEDIDAS DE RECIPIENTES PARA HORNEAR

Molde	Medidas en cm	Medidas en pulgadas/ cuartos (quarts)	Capacidad
Para torta (cuadrada o rectangular)	20×20×5	8×8×2	2 litros
	23×23×5	9×9×2	2.5 litros
	30×20×5	12×8×2	3 litros
	33×23×5	13×9×2	3.5 litros
Para barra	20×10×7	8×4×3	1.5 litros
	23×13×7	9×5×3	2 litros
Para torta redonda	20×4	8×1½	1.2 litros
	23×4	9×1½	1.5 litros
Para pay	20×3	8×1¼	750 ml
	23×3	9×1¼	1 litro
Cacerola para hornear	—	1 cuarto (quart)	1 litro
	—	1½ cuartos	1.5 litros
	—	2 cuartos	2 litros